경찰수사론
(총론)

차시환 | 추봉조 | 김봉수

박영사

머리말

경찰수사론은 수사기관의 수사 권한에 관한 절차이기 때문에 수사의 선진화는 우리 사회의 민주화에 대한 변화를 도모합니다. 이러한 시대의 변화는 인권보장과 함께 수사기관의 변화와 수사의 방향을 도출합니다.

최근 수사절차의 변화에 새로운 환경이나 변화를 수용하지 못하면 급변하는 범죄현장에서 수사의 어려움은 난항을 겪게 되어 미궁에 빠지곤 합니다. 이 교재는 오랜 강의 경험을 바탕으로 이론과 실무를 집약한 교재입니다. 특히 각 장의 표는 모든 수사절차를 압축하여 표현하기 위해 노력하였습니다.

수사의 현실적 필요성을 반영하여 수사절차에 대한 기초이론서로서 서술하여 각 절에 학습목표와 학습목차를 제시하여 중점 학습내용을 도출하였고, 학습자로 하여금 올바른 수사절차의 이해를 도모하고자 하였습니다.

또 다양한 분야의 교수진을 구성하여 전문성과 다양성을 추구하였습니다. 학습자의 이해를 위해 참고자료를 도식화하여 그림으로 표시하였고, 사례를 제시하여 수사의 어려운 용어들을 암기를 쉽게 하였습니다.

따라서 이 책은 경찰수사의 이론을 집대성하였고, 실무의 사례를 바탕으로 이해를 도식화하여 경찰행정학과 특별채용 시험을 준비하고자 하는 사람들뿐만 아니라 수사와 관련된 다양한 분야의 수업교재로 사용될 수 있도록 하였습니다.

이 책은 대학에서 강의해 오고 있는 내용을 정리한 수사교재뿐만 아니라 수사절차의 선진화를 위한 수사기관의 방향을 제시하는 기본서가 되길 바라지만 이 교재를 집필하면서 학문적으로 부족한 부분을 개정을 통해 새롭게 발전하도록 노력할 것입니다.

이 책의 출판에 있어서 교정을 도와준 김천대학교 경찰행정학과의 이나현, 나은서 양에게 감사의 뜻을 전하며, 경찰의 꿈을 꼭 이루어 멋진 제복을 입길 바랍니다.

2018년 3월 황악산의 정기를 받으며
저자 일동

차 례

제5장 **초동수사와 현장수사활동 · 127**

제1장

수사의 기초이론

제1절 **수사의 개관**

학습목표	① 수사의 개념을 이해할 수 있다. ② 소송구조론을 바탕으로 수사기관을 이해할 수 있다. ③ 범죄수사의 기본원리에 대해서 이해할 수 있다.
학습목차	① 수사의 개념 ② 소송구조론 ③ 수사기관 ④ 범죄수사의 기본원리

1. 수사의 의의

1) 수사의 의의

(1) 수사의 개념

수사란 수사기관이 범인을 발견, 수집, 보전하기 위한 활동이다. 따라서 수사기관이 범죄혐의가 있다고 사료하는 때에 개시된다. 하지만 수사기관의 활동이라 할지라도 수사개시 이전의 활동, 예를 들어 내사, 불심검문, 변사체의 검시는 수사가 아니다

수사는 주로 공소제기 전에 행해지는 수시기관의 활동, 예를 들어 피고인조사, 참고인조사, 임의제출물의 압수도 수사의 일종이다. 공소제기 전의 수사는 피의사건에 관하여 범죄의 혐의유무를 밝혀 공소의 기소여부를 결정함을 목적으로 행해진다. 따라서 불기소처분에 의하여 종결되는 경우도 수사의 개념에 포함된다. 양형 또는 소송조건의 존부에 관한 조

사도 수사에 해당된다.

경찰관의 불심검문, 사인의 현행범 체포, 검사의 공판정에서의 피고인 신문, 법원의 피고인 구속, 증인신문 등은 수사활동이 아니다. 모두 주체가 수사기관이 아니므로 수사의 개념에 포함되지 않는다

따라서 수사절차는 탄력성·임기응변성·기동성이 요구되고, 합목적성이 요청되며, 법률적인 색채가 약화되고 당사자주의적 관념이 희박하고, 광의의 소송개념에 들어가며, 수사절차는 대상의 다양성과 불예측성이 존재한다.

① 형식적 의의의 수사와 실질적 의의의 수사

형식적 의의의 수사	실질적 의의의 수사
① 수사의 어떤 수단을 선택할 것인가? 수사의 어떤 방법을 선택할 것인가? 주로 형사소송법에서의 규정	① 범인은 누구인가? 범행의 동기는 무엇인가? 범행의 수단과 방법은 무엇인가? 수사에 대하여 무엇을 명백히 할 것인가? ② 실체적인 측면
② 절차적인 측면 ③ 합법성 요구 ④ 형사소송법의 절차적 이념인 인권보장과 공공복리의 조화 추구	③ 합리성 요구 ④ 형사소송법의 실질적 이념인 실체적 진실의 발견추구

② 수사의 목적

수사의 목적은 범죄혐의의 유무를 밝혀 공소의 제기 여부를 결정함을 목적으로 행해진다. 따라서 불기소 처분에 의하여 수사가 종결되는 경우도 수사이다. 또한 고소, 고발사건에 관하여 범죄의 혐의 유무를 밝히기 위한 수사기관의 활동도 수사개념에 포함한다. 수사의 1차적 목적은 공소의 제기 및 유지이기 때문에 피의사건의 진상파악은 수사의 제1차적 목적이라고 할 수 없다. 수사의 궁극적 목적은 유죄판결이며, 형사소송법의 목적을 실현하는 것이다.

그러므로 수사기관이 불구속된 피의자를 공소제기한 후 구속하는 것은 허용되지 않고 법정에서는 법원에 의한 구속만이 허용되고 법원은 수사기관이 아니므로 공소제기 후 피고인의 구속은 수사의 목적에 해당되지 않는다.

③ 수사의 과정

수사를 하는 과정에는 상승과정과 하강과정이 있다. 수사관의 확신적 판단을 검사 및 법관에게 형사절차에 따라 틀림없다는 심증을 가지도록 증명하기 위하여 증거수집, 보전하는 과정을 상승과정이라고 하며, 하나의 범죄사실로 다수의 용의자를 선정하는 추리는 주로 하강과정이라고 한다.

범죄수사는 대체로 하강과정을 거쳐 상승과정으로 발전하지만 이러한 순서가 반드시 고정적인 것은 아니다. 하강과정 없는 상승과정은 있을 수 있지만, 상승과정 없는 하강과정은 있을 수 없다.

예를 들어 살인사건의 용의자 A,B,C에 대하여 알리바이 수사를 통해 C를 진범으로 판단하는 것은 상승과정에 해당한다.

1단계 - 하강과정	2단계 - 상승과정
① 수사관 자신이 범죄사실의 진상을 파악 확인하고 심증을 형성하기 위한 과정 ② 엄격한 의미에서의 증거는 필요없으므로 수사관은 자유자재로 수사를 추진할 수 있다. ③ 연역적(전개적) 추리	① 피고인이 유죄임을 확신하는 검사 또는 법관의 심증형성을 지향하는 과정 ② 수사관 자신의 심증의 진실성을 증명하는 활동 ③ 집중적(귀납적) 추리

④ 수사의 성질

범죄수사는 국가의 형벌권을 실현하기 위한 형사사법절차의 일환으로서, 범죄사실을 규명하고 형벌법령을 적용하는 활동이다. 따라서 범죄수사는 주로 공소제기전에 이루어지는 것이 원칙이나 공소제기 후에도 공소유지에 필요한 자료수집 활동 등을 위하여 행하여질 수 있다. 이를 바탕으로 수사의 성질을 정리하면 다음과 같다.

1) 법관 또는 검사의 심증형성을 지향하는 활동이다.(상승과정)
2) 경찰관자신의 심증형성을 지향하는 활동이다.(하강과정)
3) 유죄판결을 지향하는 활동이다.
4) 진실발견을 위한 창조적인 활동이다.

(2) 수사의 대상

수사의 사실적 내용(범행재연의 3요소)과 법률적 내용의 비교

수사의
사실적 내용
(범행재연의
3요소)
	1. 수사요소의 충족
	  4하원칙: 누가, 언제, 어디서, 무엇을
	  6하원칙: 누가, 언제, 어디서, 왜, 어떻게 해서, 어떻게 되었나
	  8하원칙: 6하 + 공범, 객체
	2. 행위의 필연성
	  범행이 관념적으로 재현되기 위한 충족된 수사요소로는 현실성을 가져야 하며 이를 위해 그 범행이 일어나지 않으면 안 되었던 이유, 조건, 경과등이 필수
	3. 사건의 형태성
	  검출된 각종의 수사자료를 질서있게 전체적으로 집약하여 사건의 전모를 나타내는 것을 의미

수사의 법률적 내용	1. 구성요건해당성 여부 2. 위법성의 여부 3. 책임성 여부 4. 가벌성 여부

2. 수사의 기본원리

(1) 수사의 기본이념

① 실체적 진실의 발견(임의수사원칙에서 기인하는 한계는 없다)

② 기본적 인권의 보장(임의수사의 원칙)

(2) 실체적 진실발견의 한계

① 인간 능력의 한계와 제도 자체에서 오는 한계

② 다른 중요한 이익과 충돌하여 받는 한계

③ 인권보장적 측면에서 가해지는 절차상의 한계

④ 적정절차의 요구에 의한 한계

(3) 수사의 지도원리와 기본원칙

수사의 지도원리	수사의 기본원칙
○ 실체적 진실주의 ○ 무죄추정의 법리 ○ 필요최소한도의 법리 ○ 적정절차의 법리	○ 임의수사의 원칙 ○ 강제수사 법정주의(헌법) ○ 영장주의(헌법) ○ 수사비례의 원칙 ○ 수사비공개의 원칙 ○ 자기부죄강요금지의 원칙 　(헌법, 형소법 – 진술거부권) ○ 제출인 환부의 원칙

〈실무상 수사활동〉

1) 누가(주체) – 수사기관

- 별도상 수사권 부여
- 국가기관

검사, 사법경찰관리(○)

사인(×) – 사인의 현행범인체포(×), 사설탐정의 조사(×), 형사의 유류품수거(○)

(수사범위)

특별사법경찰 관리의 참고인조사(○)

일반사법경찰 ⟷ 일반수사경찰

위생경찰
산림경찰
건축경찰
경제경찰

2) 왜 : 목적

- 제1차적 목적 – (多) **공소제기여부 결정 및 유지**
  (小) 범인과 범죄사실을 확인

- 궁극적목적 : 유죄판결(→ 국가형벌권의 유효적절한 행사)

공소제기를 위한 구비조건
1. 범죄의 성립요건
   · 구성요건해당성
   · 위법성
   · 책임성
2. 처벌조건
3. 소송조건
   · 반의사불벌죄
   · 친고죄

공소시효(형사) → 소송요건 → 면소판결
소멸시효(민사) → 청구권소멸사유(0) → 청구기각판결
→ 소송요건(x)

3) 사건

형사사건 (민사사건 불개입의 원칙)

4) 일

범인체포, 증거수집

〈일반적인 수사의 절차〉

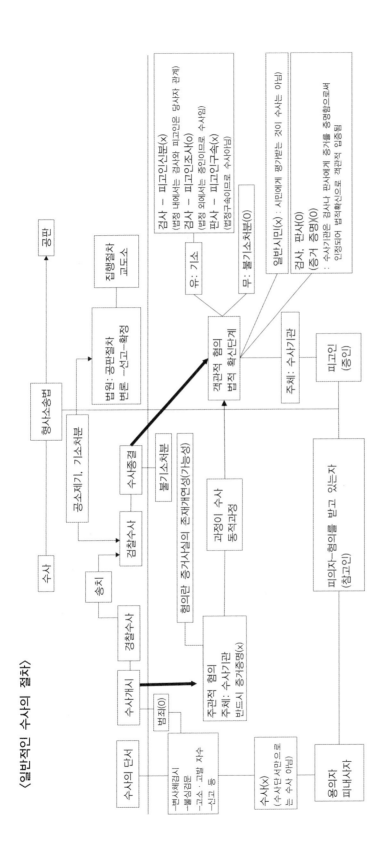

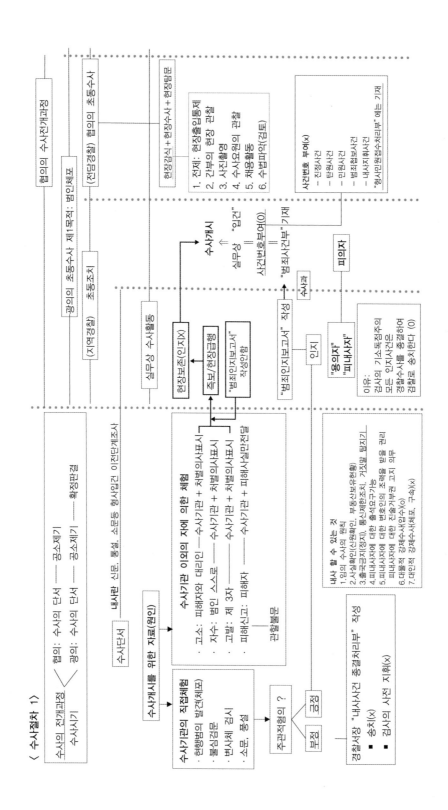

〈 수사절차 1〉

〈 수사절차 1〉

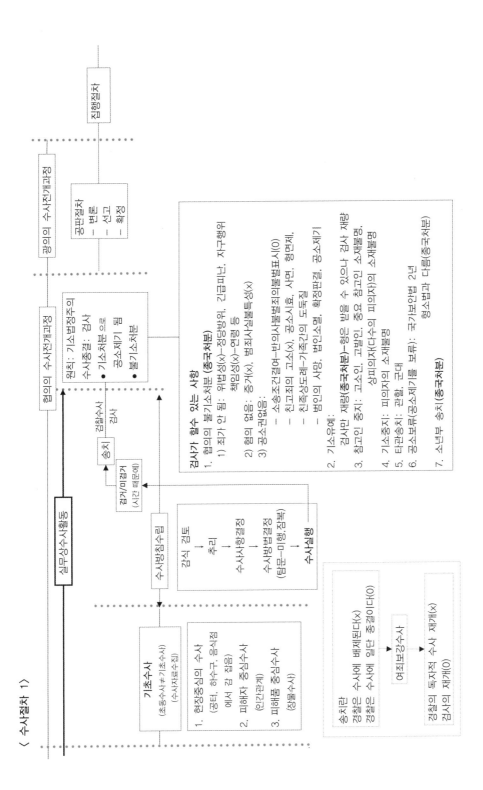

소송구조론

1. 소송구조

1) 형사소송구조론

소송의 주도적 지위는 누구에게 있는가?

2) 당사자주의와 직권주의

	당사자주의	직권주의
이념	적정절차의 준수	피고인 보호 실체진실발견
연혁	영미법계 영국의 배심제도	대륙법계 독일의 국가처벌주의
내용	당사자 - 주도적 지위 당사자 사이의 공격방어로 심리 진행 (법원은 제3자)	법원 - 주도적주의 직권탐지, 직접 실체진실발견
장점	① 피고인에게 검사와 대등한 당사자 지위 인정 - 방어권행사 보장 ② 당사자가 적극적으로 입증활동을 함으로써 실체적 진실발견에 효과적 ③ 공정한 재판	① 심리의 능률, 신속 ② 사법의 스포츠화 방지 ③ 법원이 후견적 개입을 통한 피고인의 보호에 충실
단점	① 신속 지장 ② 합법적 도박, 스포츠화 ③ 거래에 의해 좌우될 우려	① 법원의 자의·독단 위험 ② 피고인 방어권보장 미흡 ③ 공정한 판단에 지장

3) 규문주의 소송구조와 탄핵주의 소송구조

(1) 규문주의

① 재판기관이 소추기관의 소추없이 직권으로 재판절차를 개시
② 소추기관 = 재판기관(분리 ×)
③ 단점 - 충분한 방어를 할 수 없다.

(2) 탄핵주의

① 재판기관과 소추기관을 분리하여 개시하는 주의(불고불리 원칙)

② 피고인의 지위 - 소송의 주체(× - 조사·심리의 객체)

③ 소송권이 누구에게 있는가에 따른 유형

ⅰ) 국가소추주의

ⅱ) 사인소추주의 - 피해자소추주의, 공중소추주의

④ 우리 형사소송법의 태도 - 국가소추주의 = 검사

⑤ 주도적 지위를 누구에게 인정할 것인가에 의한 유형

: 당사자주의, 직권주의

2. 수사기관

1) 일반사법경찰관리

(1) 사법경찰관(수사의 주체)

검찰사무관, 검찰서기관, 검찰주사, 검찰주사보, 경무관~경위

(2) 사법경찰리(보조자)

검찰서기, 검찰서기보, 경사~순경

2) 특별사법경찰관리(임무와 권한이 지역적, 사항적으로 제한을 받음)

(1) 법률상 권한 있는 자: 교도소장

(2) 검사장지명에 의해 권한 있는 자: 교도관리

(3) 삼림, 해사, 세무, 전매, 군수사기관 기타 특별한 사항에 관하여 사법경찰관리의 직무를 행하는 자

3) 양자의 관계

상호협조가 기본이며, 직접수사, 인계, 인수, 경합의 관계에 있다.

3. 범죄수사의 기본원리

1) 범죄의 흔적

(1) 모든 범죄행위는 그 과정에서 범죄의 흔적(범적)을 남긴다.

(2) 완전히 범적을 남기지 않는 완전범죄란 없다.

(3) 범죄와 범적은 인과관계 속에 결부된다.

2) 범죄수사 가능성의 3대 근간

(1) 범죄는 인간의 행동이다

- 생물학적, 심리학적 징표(혈액, 정액, 수법 등)

(2) 범죄는 사회적 행동이다

- 사회적 제반 법칙흔적(도구입수, 목격자 등)

(3) 범죄는 물건 기타의 자연현상을 수반하는 행동이다

- 자연과학적 법칙흔적(현장변화, 지문, 족적 등)

3) 수사 추리의 대상 및 요소

(1) 추리의 대상은 범죄사실과 범인이다.

(2) 추리의 요소에는 4하, 6하, 8하 요소가 있다.

(3) 범죄의 결과로 나타난 범죄흔적, 범죄정보 등 각종 수사자료를 수집·종합하여 그것을 관찰, 분석, 판단함으로써 범인과 범죄사실을 추리하는 방법으로 범죄수사가 진행된다. 추리는 범죄수사에서 가장 중요한 것으로 사건해결에 결정적인 영향을 미친다.

4) 연역적 추리와 귀납적 추리

(1) 하나의 범죄사실로써 다수의 용의자를 상정하여 거기에서 합리성이 있는 추리를 전개하는 것 - 연역적 추리(전개적 추리)

(2) 상정한 다수의 용의자중에서 합리성있는 추리를 하여 한 사람의 진범인에 도달하는 추리방법 - 귀납적 추리(집중적 추리)

    ex) 형사 Q는 살인사건 용의자 A, B, C의 알리바이 수사를 통해 C를 진범으로

판단하였다.

(3) 추리의 방법에는 어떤 일반적인 정형이 없다.

5) 사실상 추정

어떠한 사실이 합리적인 의심을 넘어설 만큼 신빙성이 있는 경우에 소송법상 증명을 요하지 아니하는 사실로 되는 경우로 절도품의 소지와 절도의 추정, 인간의 정상성 추정, 의사와 행위의 관계, 상태계속의 추정, 중간상태의 추정 등을 뜻한다.

6) 수사의 일반적 조건

(1) 필요성

강제수사뿐만 아니라 임의수사의 경우에도 필요성을 요한다. 친고죄나 반의사불벌죄의 경우에 고소나 처벌희망 의사표시가 없더라도 원칙적으로 수사는 가능하다. 그러나 고소 등의 가능성이 없는 경우에는 수사는 제한되거나 할 수 없다(제한적 허용설: 통설, 판례)

(2) 상당성

범죄로 인한 피해가 극히 경미한 사건에 대해서 범죄인지를 하는 것은 범죄인지권의 남용이다(수사비례의 원칙). 범의유발형 함정수사는 수사의 상당성을 결하여 위법하다(수사의 신의칙).

7) 범죄혐의

수사를 개시함에 있어서는 범죄의 주관적 혐의로도 족하다. 그러나 피의자를 체포하거나 구속하기 위해서는 범죄의 객관적 혐의여야 한다.

8) 범죄수사의 3대 원칙(3S의 원칙)

(1) 신속착수의 원칙(Speedy Initiation)

죄증이 인멸되기 전에 수사를 완료하여야 한다는 것이다. 범죄의 흔적은 시간이 경과함에 따라 소멸, 변개되어 수사가 곤란하게 되어 수사의 성공가능성은 줄어들게 된다. 수사는 급속히 착수하여 범적이 멸실되기 전에 수사를 수행하여야 한다는 원칙이다.

(2) 현장보존의 원칙(Scene Preservation)

범인과 범행을 무언적으로 말해주는 곳으로 범죄현장의 보존 여부는 곧 수사의 성패를

좌우한다고 해도 과언이 아니다. 즉, 현장을 잘 보존하고 관찰해야 한다는 원칙이다.

(3) 공중협력의 원칙(Support by the Public)

수사기관만의 힘으로는 모든 범죄를 해결하는 것은 사실상 불가능하며 목격자나 범죄 현장주변의 증언이 수사해결에 도움을 주도록 공중의 협력을 얻도록 하여야 한다는 원칙을 말한다. 수사관은 사건 수사시에는 물론 평소에도 공중의 적극적인 협력을 얻을 수 있도록 노력해야 한다.

9) 범죄수사상 준수원칙

(1) 선증후포의 원칙(선 증거수집 후 체포의 원칙)

범인임을 증명할 수 있는 증거를 확보한 후 범인을 체포하여야 한다.

(2) 법령준수의 원칙

형사소송법, 범죄수사규칙 등 관계법령을 준수하여 시민의 자유와 권리를 침해하는 일이 없도록 하여야 한다.

(3) 민사관계 불간섭의 원칙

공공의 원칙상 순수한 민사사건에 관해서는 수사권이 발동될 수 없다.

(4) 종합수사의 원칙

모든 정보와 수사자료를 종합하여 상황을 판단하고 체계적인 조직력에 의하여 수사를 종합적으로 진행하도록 하여야 한다.

10) 성공적인 수사실행을 위한 5대 원칙

(1) 수사자료 완전수집의 원칙(수사의 제1단계)

수사 초기에 기초수사를 철저히 하여 그 사건에 주어진 모든 수사자료를 빠짐없이 완전히 수집하여야 한다는 원칙이다.

(2) 수사자료 감식, 검토의 원칙

수사자료가 문제해결의 도구가 되는 성질을 갖고 있기 때문에 수사자료가 완전수집되었으면 그 수집된 자료를 면밀히 감식·검토하여야 하는 원칙을 말한다. 단순한 수사관의 상식적인 검토나 판단이 아닌 과학적 지식 또는 시설장비를 효과적으로 활용해야 한다는 원칙이다.

(3) 적절한 추리의 원칙

수사자료의 감식·검토로 문제점이 명확히 나타났다면 범인과 범죄에 대한 적정한 추리로써 문제의 해결방법을 찾아야 한다는 원칙이다.

(4) 검증적 수사의 원칙(수사사항−수사방법−수사실행)

여러 가지의 추리 가운데 과연 어느 추리가 정당한 것인가를 가리기 위해 추리 하나하나를 모든 각도에서 검토하여야 한다는 원칙이다.

(5) 사실판단 증명의 원칙

수사는 형사절차의 일환이므로 수사에 의해 얻어진 확신있는 판단(심증)은 수사가 종결되어 송치되고 공판에 회부되어 심리받게 되는 것이므로 그 판단이 수사관만의 주관적인 판단에 그칠 것이 아니라 누구에 대해서도 그 판단이 진실이라는 것을 객관적으로 증명하여야 한다.

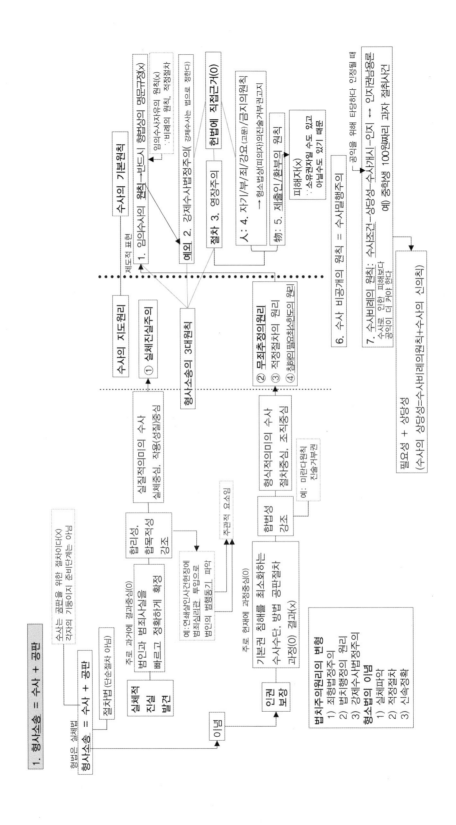

1. 형사소송 = 수사 + 공판

형사소송 = 수사 + 공판
형법은 실체법

형사소송 = 수사 + 공판
- 수사는 공판을 위한 절차이다(X)
  각자의 기능이지 준비단계는 아님

절차법 (단순절차 아님)

실체적 진실 발견
- 주로 과거에 결과중심(O)
  범인과 범죄사실을 빠르고 정확하게 획득
- 합리성, 합목적성 강조
  실질적의미의 수사
  실체중심, 작용(성질)중심
- 예: 연쇄살인사건현장에
  범죄심리관 투입으로
  범인의 범행동기 파악
- 주관적 요소임

인권 보장
- 주로 현재에 과정중심(O)
  기본권 침해를 최소화하는
  수사수단, 방법 공판절차
  과정(O) 결과(X)
- 합법성 강조
  형식적의미의 수사
  절차중심, 조직중심
- 예: 미란다원칙
  진술거부권

범죄수익원리의 변형
1) 좌형법정주의
2) 법치행정의 원리
3) 강제수사법정주의
형소법의 이념
- 실체파악
- 적정절차
- 신속정확

이념

수사의 지도원리
- ① 실체진실주의
- 형사소송의 3대원칙
- ② 무죄추정의원리
- ③ 적정절차의 원리
- ④ 신속한 공개재판(신속도)의 원리

수사의 기본원칙

제도적 표현

1. 임의수사의 **원칙** → 반드시 행법성의 명문규정(X)
   임의수사자유의 원칙(X)
   ∵비례의 원칙, 적정절차
   → 실종절차

예외 2. 강제수사법정주의(강제수사유의 원칙으로 정한다)
   ∵비례의 원칙, 적정절차

절차 3. 영장주의
   현법에 **직접근거(O)**

人 : 4. 자기/부/조/강요(고문)/자진술거부권금지
   → 형소법상(피의자)의진술거부권고지

物 : 5. 제출인/환부의 원칙

   피해자(X)
   ∵소유권자일 수도 있고
   아닐수도 있기 때문

6. 수사 비공개의 원칙 = 수사밀행주의

7. 수사비례의 원칙: 수사조건 - 상당성 - 수사개시 -인지 → 인지권남용론
   수사로 인한 피해보다
   공익이 더 커야 한다
   공익을 위해 타당하다 인정될 때
   예) 종합병 100원짜리 과자 절취사건

필요성 + 상당성
(수사의 상당성=수사비례의원칙=수사의 신의칙)

2. 형사소송 = 수사 + 공판

영장의 성질

허가장

영장

검사 : 영장발부의 실질적 권한

판사 : 영장발부에 대한 형식적 통제 (합법성통제)

명령장

강제처분불가

主 판사: 영장발부권

우리나라 = 규문적 + 탄핵적

피의자

수사의 객체

당사자

수사의 객체(x) 당사자(x) 공판을 준비하는 절차

검사·경찰의 지위

主 검사=수사권(0) 수사의 주체

主 피의자 당사자지위 (경찰 / 검사 : 바라본다)

검사=수사권(x) 공판을 준비하는 업무 수사의 주체(x)

판사 바라본다

피고인 / 대등 수평 / 검사 / 강제처분(x)

규문적 수사권 실체진실발견

소송적 수사권 인권보장

탄핵적 수사권 당사자주의 규변론주의

수 사 구 조 론   수 사 조 건   수 사 기 관

규문주의 소송구조론 (x)

과거 (사또)

공판 (절차기관)

수사 (절차기관)

일치

모두 같은 곳에서 일어나므로 의미없음

탄핵주의 소송구조론 (0)

현대

공판 (절차기관)

수사 (절차기관)

불일치

소 송 구 조 론

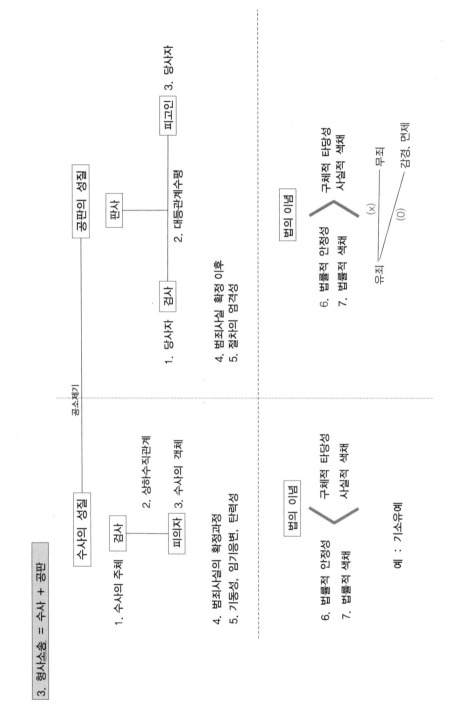

3. 형사소송 = 수사 + 공판

수사의 성질

검사
2. 상하수직관계
피의자 3. 수사의 객체

1. 수사의 주체

4. 범죄사실의 확정과정
5. 기동성, 임기응변, 탄력성

법의 이념

구체적 타당성
사실적 색채

법률적 안정성
법률적 색채

6. 법률적 안정성
7. 법률적 색채

예 : 기소유예

공판의 성질

판사
2. 대등관계수평
피고인 3. 당사자

1. 당사자

4. 범죄사실 확정 이후
5. 절차의 엄격성

법의 이념

구체적 타당성
사실적 색채

법률적 안정성
법률적 색채

6. 법률적 안정성
7. 법률적 색채

유죄
무죄   (x)
감경, 면제   (0)

공소제기

4. 형사소송 = 수사 + 공판

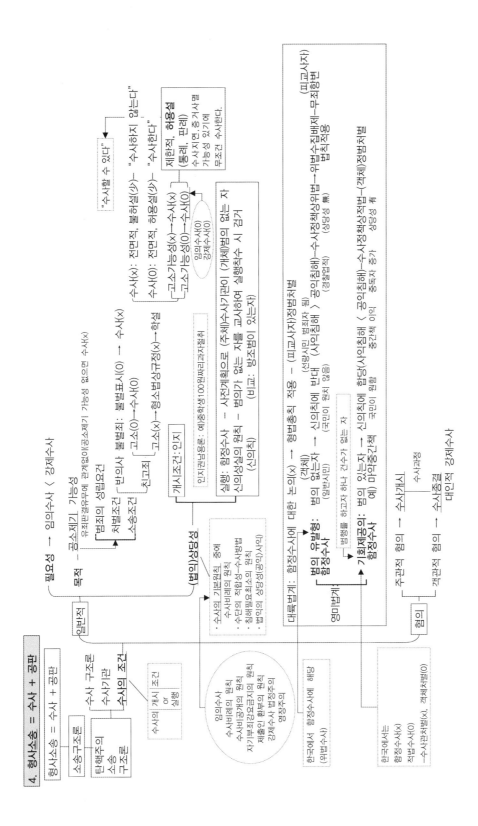

제3절 범죄수사의 이해

학습목표	① 실무상 수사활동을 이해할 수 있다. ② 소송구조론을 바탕으로 수사기관을 이해할 수 있다. ③ 범죄수사의 기본원리에 대해서 이해할 수 있다.
학습목차	① 일반적인 수사의 절차 ② 형사소송과 수사 ③ 수사구조와 수사기관 ④ 범죄수사 사례

1. 일반적인 수사의 절차

1) 실무상 수사활동(수사의 전개과정)

수사의 단서 ⇨ 내사 ⇨ 수사의 개시(입건) ⇨ 수사방침의 수립 ⇨ 수사의 실행 ⇨ 사건의 송치 ⇨ 사건송치후의 수사 ⇨ 수사의 종결(공소제기) ⇨ 형의 확정

2) 수사의 전개과정

(1) 협의의 전개과정: 수사의 단서에서 ~ 공소제기까지
(2) 광의의 전개과정: 수사의 단서에서 ~ 형의 확정판결까지

3) 수사의 종결

(1) 협의의 불기소처분

① 혐의 없음: 증거가 불충분하거나 범죄의 객관적 혐의가 없는 경우
② 죄가 안됨: 위법성조각사유·책임조각사유에 해당하는 경우
③ 공소권 없음: 형 면제사유·소송조건 결여·공소시효완성·사망의 경우

(2) 참고인 중지 – 고소인 등이 소재 불명된 경우

(3) 즉결심판의 청구

20만원 이하의 벌금, 구류, 과료에 처할 범죄사건으로서 즉결심판에 의하여 처리될 경미사건은 경찰서장이 즉결심판을 청구할 수 있다.

4) 수사절차의 특성

(1) 수사의 대상이 되는 사건은 그 자체가 특정되어 있지 않다.

(2) 탄력성, 기동성, 광역성, 임기응변성이 요청된다.

(3) 법적 안정성 보다는 합목적성이 강조된다.

(4) 법률적 색채가 약하다.

5) 수사의 기본원칙

(1) 임의수사의 원칙(형사소송법 제199조 제1항).

① 수사의 방법은 임의수사를 원칙으로 하고 강제수사는 형사소송법에 특별한 규정이 있는 경우에 한하여 예외적으로 허용한다.

② 무죄추정의 법리 또는 필요최소한도의 법리의 제도적 표현이다.

③ 임의수사 자유의 원칙을 의미하는 것은 아니다.

④ 강제수사법정주의는 체포·구속, 압수·수색·검증 등 수사기관의 강제처분은 형사소송법에 특별한 규정이 있는 경우에 한하여 허용한다.

(2) 영장주의

헌법상의 원칙으로서 수사기관의 강제처분에 관하여는 영장주의 원칙이 적용된다.

(3) 수사비례의 원칙

수사의 결과에 따른 이익과 수사로 인한 법익침해가 부당하게 균형을 잃어서는 안 된다는 원칙으로 상당성의 원칙 또는 최소침해의 원칙이라고도 한다.

(4) 수사비공개의 원칙

수사의 개시와 실행은 이를 공개하지 아니한다는 원칙을 말한다. 왜냐하면 영장청구사실 등이 범인 검거 전에 공개된다면 피의자의 발견·검거 또는 증거의 발견·수집·보전 등 증거확보에 막대한 지장을 초래하게 될 것이며, 관계자(피해자, 참고인, 피의자 등)의 개인적인 비밀, 사생활, 명예 등 인권이 침해될 위험이 있으므로 인권보호를 위해서도 요청된다.

(5) 자기부죄강요금지의 원칙

헌법은 자기부죄거부의 특권을 명시하고, 피의자 등에 대한 고문의 절대적인 금지를 표현하고 있다. 형사소송법은 피의자에게 진술거부권을 보장하고 있다.

(6) 제출인환부의 원칙

수사기관이 압수물을 환부함에 있어서는 피압수자(제출인)에게 환부함을 원칙으로 한다. 이는 민사사건불관여의 원칙에 따라 사인간의 실체법상의 권리관계에는 관여하지 아니한다는 원칙에 따라 피압수자에게 환부하는 것은 당연한 것이다. 다만, 압수물이 장물인 경우에는 피해자를 보호하기 위하여 일정한 요건하에 피해자 환부를 허용하고 있다.

2. 형사소송과 수사

1) 우리 수사의 기본구조

당사자주의와 직권주의의 조화를 이루며, 헌법재판소와 대법원에서는 기본적으로 당사자주의 소송구조를 취하며, "불충분하여 의심스러운 경우 피고인의 이익으로 판단"함에 따라 현행 형소법은 그 해석상 기본적으로 당사자주의를 취하는 것으로 이해된다.

(1) 헌법 제12조 제1항

모든 국민은 신체의 자유를 가진다. 누구든지 법률에 의하지 아니하고는 체포·구속·압수·수색 또는 심문을 받지 아니하며, 법률과 적법한 절차에 의하지 아니하고는 처벌·보안처분 또는 강제노역을 받지 아니한다.

(2) 형사소송법

① 사법경찰관리가 관할구역 밖에서 범죄수사를 할 경우에는 관할지방검찰청 검사장 또는 지청장에게 이를 보고해야 한다.(형사소송법 제210조)

② 영장청구권은 검사에게만 인정되고 사법경찰관에게는 인정되지 않는다.(형소법 제200조의 2 ①항, 제200조의 4 ①항, 제201조, 제215조 ②항)

③ 사법경찰관이 긴급체포할 때에는 즉시 검사의 승인을 받아야 하며, 검찰작성조서와 경찰작성조서는 증거능력에 차이가 있다.(형소법 제200조의 3, 제312조 ②항)

(3) 검찰청법 제54조

경찰서장이 아닌 경정 이하의 사법경찰관리가 직무집행에 관하여 부당한 행위를 하는 경우에 지방검찰청 검사장은 당해 사건의 수사중지를 명하고 임명권자에게 그 교체를 요구할 수 있다. 이 같은 요구가 있으면 임명권자는 정당한 이유를 제시하지 않는 한 교체임용의 요구에 응해야 한다.

(4) 검사의 사법경찰관리에 대한 수사지휘 및 사법경찰관리의 수사준칙에 관한규정

검사의 수사지휘에 관한 사항과 사법경찰관리의 수사에 관한 집무상의 준칙을 규정함으로써 수사과정에서 국민의 인권을 보호하고, 수사절차의 투명성과 수사의 효율성을 보장함을 목적으로 한다.

(5) 폭력행위등 처벌에 관한 법률 제10조

관할 지방검찰청 검사장은 폭행 등의 범죄가 발생하였는데도 그 사실을 자신에게 보고하지 아니하거나 수사를 게을리하거나 수사능력 부족 또는 그 밖의 이유로 사법경찰관리로서 부적당하다고 인정하는 사람에 대해서는 그 임명권자에게 징계, 해임 또는 교체임용을 요구할 수 있다.

3. 수사구조와 수사기관

1) 수사구조

수사구조란 수사절차에서 등장하는 검사, 사법경찰관리, 피의자, 법관 등의 상호관계를 어떻게 정립시킬 것인가에 대한 이론을 말하며, 여기에는 규문적 수사관, 탄핵적 수사관, 소송적 수사관을 말한다.

규문적 수사관이란 수사기관과 피의자의 불평등 수직관계로 구성되어 있다고 보는 견해이다. 규문적 수사관은 법원의 사법적 개입없이 수사기관의 독자적인 판단하에 범인, 범죄사실과 증거를 합목적적 절차로 보는 견해이다. 규문적 수사관에서 강제처분권은 수사의 주재자인 검사에게 허가장의 성질을 지니는 성격을 지닌다.

탄핵적 수사관이란 법원의 개입을 인정한다. 법원에 공소를 제기하기 위해 수사를 진행하고 수사에 필요한 강제처분은 법원의 고유권한에 속한다. 탄핵적 수사관에서 강제처분권은 법원의 고유권한에 속한다. 따라서 영장은 명령장의 성질을 갖기 때문에 피의자신문을 위한 구인이 허용되지 않는다.

소송적 수사관이란 수사절차의 독립성을 강조하는 이론으로 피의자는 경찰관과 대등한 주체이다. 따라서 피의자의 방어활동이 강조되며 강제수사는 공소제기 전에만 허용된다.

2) 수사기관의 의의

수사기관이란 범죄수사를 할 수 있는 국가기관을 말하며, 현행법상 검사와 사법경찰관리가 있다. 현행 형사소송법은 제195조에 검사는 범죄혐의가 있다고 사료하는 때에는 범인, 범죄사실, 증거를 수사하도록 규정하고 있고, 제246조에 공소는 검사가 제기하여 수행한다고 규정하고 국가소추주의를 규정하고 있다.

제196조에서는 사법경찰관리라 함은 수사의 주재자인 검사를 보조하여 수사의 직무를 행하는 경찰관리를 말하며, 일반사법경찰관리와 특별사법경찰관리로 나눌 수 있다. 제196

조 제1항에서 일반사법경찰관리는 다시 수사관, 경무관, 총경, 경정, 경감, 경위와 제196조 제5항에서 사법경찰리로서 경사, 경장, 순경을 말하며, 제197조에서 특별사법경찰관리를 규정하여 특별사법경찰관리는 일반사법경찰관리에 준하여 특별수사를 행할 자로 산림, 해사, 세무, 철도, 군수사기관, 국가정보원, 자치경찰 및 기타 특별사항에 관하여 사법경찰관리의 직무를 행할 자를 말한다.

우리 형사소송법은 검사에게 수사지휘권이 부여되어 있고, 2011년 경찰에게 독자적인 수사개시, 진행권한을 보유하였으나 검사에게 '모든' 범위에 있어 수사지휘를 인정하고 수사지휘의 범위를 대통령령에 위임하였다.[1]

---

1) 경찰 수사권 독립에 대한 찬성론과 반대론의 이론적 근거

찬성론	반대론
① 국민의 편익저해	① 수사란 공소제기를 위한 행위
② 현실과 법규범의 괴리	② 적정절차와 인권존중
③ 행정조직원리인 명령통일의 원리에 위배	③ 법집행의 왜곡 방지
④ 권한과 책임의 불일치	④ 경찰로의 권력집중 방지
⑤ 경찰업무의 과중화	⑤ 범죄에 대한 효율적 대처
⑥ 수사요원의 사기저하	
⑦ 검찰로의 권력집중	

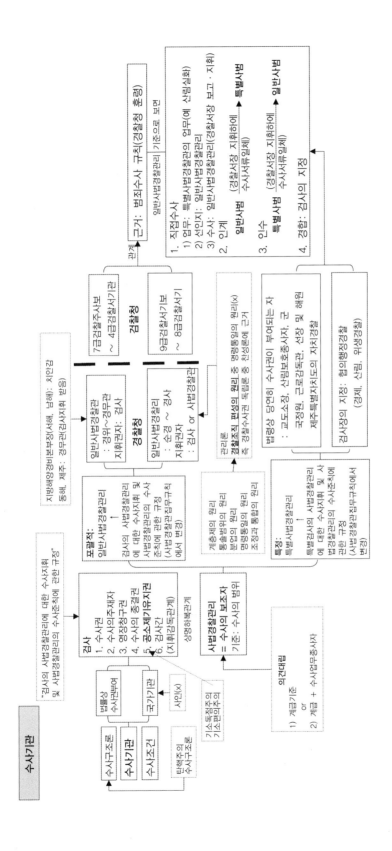

변호인 A ↔ 구금된 피의자

A. 피의자의 변호인에 대한 접견 교통권
1. 현재 1) 헌법상의 기본권(O)
          2) 형소법상 규정(x)
          3) 제한 가능성 – 국가안전보장 질서유지, 공공복리등의 어떠한 이유로도 제한이 금지된다.

2. 대법원 판례 1) 헌법 기본권과의 조화적용
                2) 다른 기본권과의 문제

[제한가능(O)]
→ 수사지연, 기밀누설 등 객관적 충분 명백 사유

형소법 제209조, 제87조를 유추적용

제한은 가능: 법령상 제한(O)
수사기관의 처분, 법원의 결정만으로 제한(x)

B. 변호인의 피의자에 대한 접견권
1. 헌법상의 기본권(x)
2. 형소법 제34조에 근거

구분	내용	특징
기본권의 일반규정	인간의 존엄과 가치, 행복 추구권	기본권의 이념 규정
평등권	법 앞의 평등, 기회의 균등	불합리한 차별을 받지 않을 권리
자유권	신체의 자유(가장 기본적인 자유권), 주거 및 사생활의 자유, 언론·출판·집회 결사의 자유 등	포괄적이며 소극적인 권리, 직접 절차의 원리 중요
사회권	인간다운 생활을 할 권리, 교육받을 권리, 환경권, 근로의 권리	적극적이고 현대적인 권리, 복지 국가에서 중요
청구권	국가에 대하여 일정한 청구를 할 수 있는 권리(청원권 국가 배상 청구권 등)	기본권 보장을 위한 기본권, 적극적 권리
참정권	정치에 참여할 권리(선거권, 공무 담임권, 국민 투표권)	능동적 권리

헌법 제10조 모든 국민은 인간으로서의 존엄과 가치를 가지며, 행복을 추구할 권리를 가진다. 국가는 개인이 가지는 불가침의 기본적 인권을 확인하고 이를 보장할 의무를 진다.

헌법 제12조 ① 모든 국민은 신체의 자유를 가진다. 누구든지 법률에 의하지 아니하고는 체포·구속·압수·수색 또는심문을 받지 아니하며, 법률과 적법한 절차에 의하지 아니하고는 처벌·보안처분 또는 강제노역을 받지 아니한다.
④ 누구든지 체포 또는 구속을 당한 때에는 즉시 변호인의 조력을 받을 권리를 가진다. 다만, 형사피고인이 스스로 변호인을 구할 수 없을 때에는 법률이 정하는 바에 의하여 국가가 변호인을 붙인다.
⑤ 누구든지 체포 또는 구속의 이유와 변호인의 조력을 받을 권리가 있음을 고지받지 아니하고는 체포 또는 구속을 당하지 아니한다. 체포 또는 구속을 당한 자의 가족등 법률이 정하는 자에게는 그 이유와 일시·장소가 지체없이 통지되어야 한다.

형사소송법 제30조(변호인선임권자) ① 피고인 또는 피의자는 변호인을 선임할 수 있다.
형사소송법 제34조(피고인, 피의자와의 접견, 교통, 수진) 변호인 또는 변호인이 되려는 자는 신체구속을 당한 피고인 또는 피의자와 접견하고 서류 또는 물건을 수수할 수 있으며 의사로 하여금 진료하게 할 수 있다.

4. 범죄징표의 개념 및 형태

(1) 개념

범죄징표라 함은 범죄에 수반하여 나타나는 내적·외적 현상을 말한다. 즉 범인을 특정하기 위한 것이고, 피해자의 특징과는 관련이 없다. 범죄징표의 형태에 따라 수사방식의 형태가 결정된다. 다만 범죄징표와 범적은 동일한 의미는 아니다.

(2) 형태

생물학적 특징에 의한 범죄징표	인상, 지문, 혈액형, DNA, 기타 신체특징
심리학적 특징에 의한 범죄징표 (보통심리와 이상심리)	보통심리 – 범행동기(원한, 치정, 미신, 이욕, 이상심리 등), 범행결의(불안, 초조, 친지와의 상담 등 심리적 갈등, 흥기, 용구의 준비, 현장의 사전답사, 알리바이공작 등), 범행 중(목적달성에 용이한 방법, 숙지, 숙달된 기술선호 등), 범행 후(특수한 꿈, 잠꼬대, 피해자에 대한 위로, 친지 등의 고백, 자살, 도주, 증거인멸, 변명준비 등)
	이상심리 – 심리과정에 합리적인 일관성이 결여
사회관계에 의한 범죄징표 (사회적 지문)	성명, 가족, 주거, 경력, 직업, 목격자, 풍설, 소문 등
자연현상에 의한 범죄징표	지문, 족적, 일시, 물건의 특정, 물건의 이동 등
문서에 의한 범죄징표	문자의 감정, 사용잉크의 감정, 종이의 질 감정 등

(3) 수사선

범죄수사에 공통되는 추리와 자료수집의 선으로 수사선은 범적을 보고 그러한 범적은 '어떠한 범죄에서 비롯된 것인가'라는 원인을 캐는 징표에서 범죄로의 추리적 체계화이다.

범죄징표이론은 '어떠한 범행이 그러한 범적을 낳게 하는가'라는 결과를 캐는 범행에서 징표로의 이론적 지식체계이다. 개인의 특징에 관한 수사선, 사회관계에 관한 수사선, 자연과학에 관한 수사선으로 구분해 볼 수 있다.

개인특징에 의한 수사선은 인간의 행동, 신체적 특징에 의한 개인 식별선(인상, 지문, 혈액형, 연령, 성별 등)과 성격 또는 습성에 의한 사람의 특징(습벽, 동기, 수법, 범행 후의 행동, 언어, 회화, 성격, 가정환경 등)을 뜻한다.

사회관계에 의한 수사선은 사람의 사회적 환경에 의한 특징(성명, 주거, 배회처, 직업, 비행경력, 혼인관계, 교우관계)과 사람의 사회적 행동유형의 의한 특징(행적, 수법, 집단성, 행동방식, 사용물건, 문서, 장부, 상거래 절차)과 범죄의 사회적 파문에 의한 특징(동기, 사회적 배경, 풍설, 인심의 동향)을 뜻한다.

자연과학에 의한 수사선은 물건의 특징, 물건의 이동, 현장관찰, 문서, 자연현상 등을 뜻한다.

수사선과 범죄징표

수사선	범죄징표
원인	결과
• 추리와 자료수집의 선 • 범죄징표에서 범죄로	• 합리적 지식에 기초한 이론 • 범행에서 범죄징표로
수사선과 범죄징표이론은 상호연관성이 있다	

(4) 수사의 수단에 대한 설명

수사의 수단에는 종적수사와 횡적수사가 있다. 종적수사는 깊이 파고드는 수사로 수집된 특정정보의 성질, 특징 등을 깊이 관찰, 범인에 도달하는 수사활동이다.

횡적수사는 폭을 넓혀 가는 수사로 범행에 관계 있는 자료의 발견, 수집을 목적으로 한다.

횡적수사는 광범위한 자료수집으로 사건의 신중한 판단 및 수사의 확실성을 기할 수 있지만 노력과 시간의 점에서 비경제적이다.

종적수사는 특정의 자료를 통한 집중적 수사활동으로 신속한 범인검거를 기할 수 있지만 한정된 자료로 판단을 그르쳐 헛수고에 그치고 재출발을 하지 않으면 안 되는 수가 많다.

횡적수사방법에는 현장관찰, 탐문수사, 행적수사, 은신, 미행, 수색, 감별수사가 있다.

종적수사방법에는 유류품수사, 장물수사, 수법수사, 인상특징수사, 수배수사가 있다.

(5) 수사의 합리화와 적정화

① 수사의 합리화

증거에 의하여 사안을 명백히 하여야 하며, 기초수사를 철저히 하여 모든 증거 발견과 수집에 힘쓰는 동시에 감식시설과 자료를 충분히 활용하여 수사를 합리적으로 진행하도록 하여야 한다.

㉮ 과학수사의 추진, 수사기술의 향상, 조직수사의 확립, 능률적 수사운영 체제의
　　　　확립, 기본적 인권보호 등

　② 수사의 적정화

　범죄수사는 법정절차에 따라 적법하게 행하여야 한다.

　　　㉮ 인권존중, 합법수사, 타당한 수사, 능률적 수사 등

(6) 종합수사

　수사를 할 때에는 모든 정보, 자료를 종합하여 판단하는 동시에 모든 지식과 기술을 활
용하고, 또한 언제나 체계있는 조직력에 의하여 수사를 종합적으로 진행하여야 한다.

(7) 수사본부 설치대상 중요사건(「수사본부 설치 및 운영규칙」 제2조)

　① 살인, 강도, 강간, 약취유인, 방화사건
　② 피해자가 많은 업무상 과실치사상사건
　③ 조직폭력, 실종사건 중 중요하다고 인정되는 사건
　④ 국가 중요시설물 파괴 및 인명피해가 발생한 테러사건 또는 그러한 테러가 예상되
　　는 사건
　⑤ 기타 사회적 이목을 집중시키거나 중대한 영향을 미칠 우려가 있다고 인정되는 사건

(8) 검사의 지휘를 받아야 하는 것

　① 압수물의 환부, 가환부, 위탁보관, 폐기, 대가보관
　② 체포영장 또는 구속영장에 의하여 체포, 구속된 피의자를 석방하고자 할 때
　③ 지명수배자의 검거(36시간 이내 검사지휘 받을 것)
　④ 송치 후 수사속행 또는 여죄 발견시
　⑤ 사정변경에 의하여 구속영장을 집행하지 아니하고 반환할 때

(9) 검사의 지휘 없이도 할 수 있는 것

　① 실황조사
　② 긴급체포되거나 현행범으로 체포된 피의자를 석방할 때(석방 후 보고)
　③ 내사종결
　④ 행정검시
　⑤ 즉결심판
　⑥ 사건이송
　⑦ 긴급체포 승인건의는 유지하되, 긴급체포 피의자를 석방할 때 검사의 사전 지휘를
　　받도록 하는 규정은 폐지(검사의 사법경찰관리에 대한 수사지휘 및 사법경찰관리의 수사

준칙에 관한 규정」제 35조)

(10) 수사자료의 종류

기초자료	구체적인 사건수사와 관계없이 평소의 수사활동을 통하여 범죄가 발생했을 때 수사에 제공하기 위하여 참고가 되는 수사자료	죄를 범할 우려가 있는 자의 동향(우범자 동향)
사건자료	구체적인 사건수사와 관련하여 그 사건의 수사방침수립과 범인 및 범죄사실의 발견을 위하여 수집되는 모든 자료	내탐에 의한 자료(탐문, 미행, 은신, 파수 등)
감식자료	수사를 과학적으로 추진하기 위하여 과학의 지식과 기술을 이용해서 범인의 발견, 범죄의 증명에 활용되는 자료	지문, 유전자, 혈액형
참고자료	수사과정의 반성·분석·검토를 통하여 얻어진 자료로서 차후의 수사에 활용될 수 있는 자료	수사성패의 교훈과 새로 발견된 범행수법

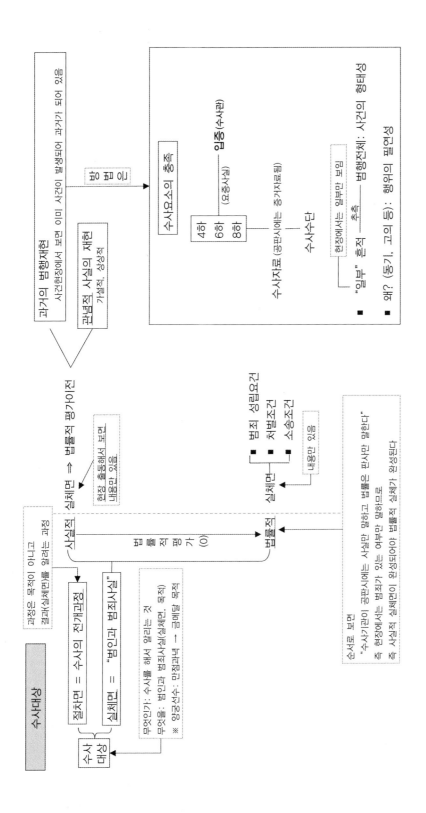

수사대상

수사
대상
{
  절차면 = 수사측 수사의 전개과정
  실체면 = "범인과 범죄사실"
}

과정은 목적이 아니고
결과(실체면)를 알리는 과정

무엇인가: 수사측 해서 알리는 것
무엇을: 범인과 범죄사실(실체면, 목적)
※ 양공선수: 안점과녁 → 금메달 목적

실체면 ⇒ 법률적 평가이전
현장 출동해서 보면
내용만 있음

사실적
법률적
평가
(0)

법률적

실체면
{
  ■ 범죄 성립요건
  ■ 처벌조건
  ■ 소송조건
}

내용만 있음

순서로 보면
"수사기관이 공판시에는 사실만 말하고 법률은 판사만 말한다"
즉 현장에서는 범죄가 있는 여부만 말하므로
즉 사실적 실체면이 완성되어야 법률적 실체가 완성된다

과거의 범행재현
사건현장에서 보면 이미 사건이 발생되어 과거가 되어 있음

관념적 사실의 재현
가설적, 상상적

인적 물적 증

수사요소의 충족

임증(수사관)

4하
6하
8하
(요증사실)

수사자료 (공판시에는 증거자료됨)

수사수단

■ "일부" 충족 ── 범행전체: 사건의 형태성
현장에서는 일부만 보임

■ 왜? (동기, 고의 등): 행위의 필연성

범죄수사 사례 1

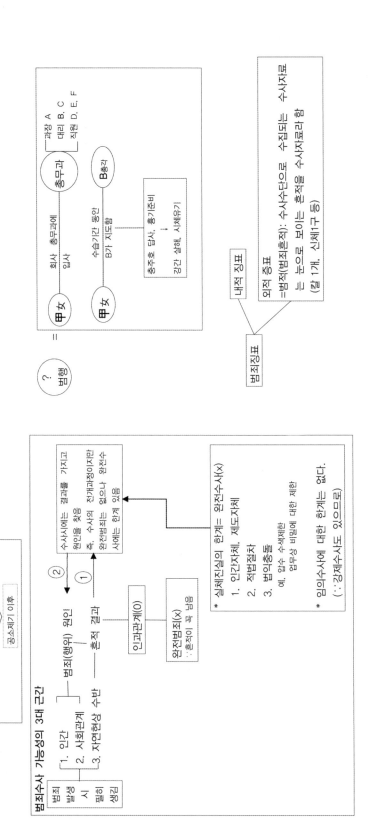

형사소송 = 수사 + 공판

수사자료 ≠ 증거자료

공소제기 이후

범죄수사 가능성의 3대 근간

범죄 발생 시 필히 생김

1. 인간
2. 사회관계
3. 자연현상 수반

범죄(행위) 원인
흔적 결과

인과관계(O)

완전범죄(x) ∵흔적이 꼭 남음

① 수사의 전개과정이지만 완전범죄는 없으나 완전수사에는 한계 있음

② 수사에에는 결과를 가지고 원인을 찾음 즉, 수사의 완전범죄는 없으나 완전범죄는 한계 있음

* 실체진실의 한계 = 완전수사(x)
1. 인간자체, 제도자체
2. 적법절차
3. 법익충돌
  예. 압수 수색제한 업무상 비밀에 대한 제한

* 임의수사에 대한 한계는 없다. (∵강제수사도 있으므로)

범행 ? =

甲女 ── 회사 총무과에 입사

총무과 ┌ 과장 A
       ├ 대리 B, C
       └ 직원 D, E, F

甲女 ── B총각

수습기간 동안 B가 지도함

총후 담사, 총기준비
강간 살해, 시체유기

범죄징표
내적 징표
외적 징표

=범적(범죄흔적): 수사수단으로 수집되는 수사자료는 눈으로 보이는 흔적을 수사자료라 함 (칼 1개, 신체1구 등)

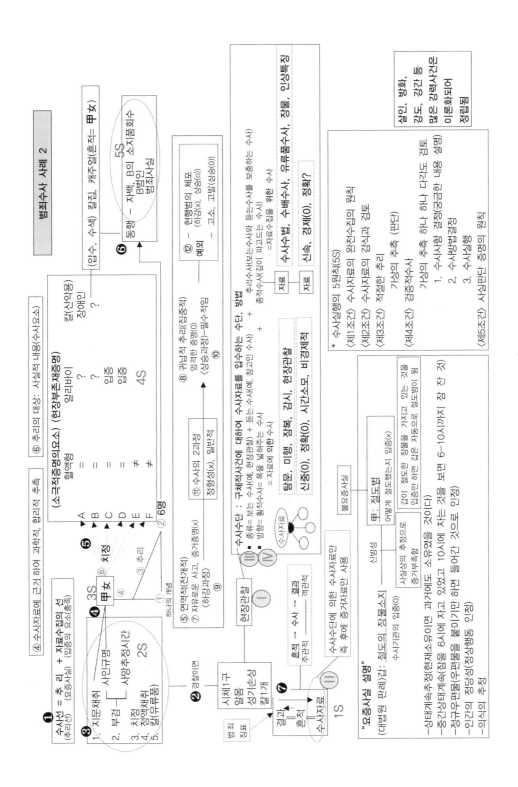

범죄수사 사례 2

제2장

수사의 진행절차

제1절 수사의 단서

학습목표	① 수사의 진행을 이해할 수 있다. ② 수사의 개념을 바탕으로 수사진행을 이해할 수 있다. ③ 범죄수사의 진행에 대한 기본개념 이해할 수 있다.
학습목차	① 수사의 단서 ② 범죄첩보 ③ 내사 ④ 범죄인지

수사단서는 실무상 입건의 원인이 되고 인지의 주체는 검사와 사법경찰관이다. 검사나 사법경찰관은 범죄인지 전에 범죄혐의 유무에 관하여 내사를 하여야 한다.

범죄를 인지하게 되면 사법경찰관은 수사를 진행하게 되고, 이때 필요한 것이 수사의 단서가 된다. 즉, 수사의 단서는 수사기관이 범죄의 혐의가 있다고 판단하게 되는 원인을 말한다. 수사의 단서 종류는 다음과 같다.

수사기관의 직접 체험에 의한 경우	타인의 체험에 의한 경우
① 현행범인의 체포(형소법) ② 변사자의 검시(형소법) ③ 불심검문(범죄수사규칙) ④ 타 사건수사 중 범죄발견 ⑤ 신문·출판물의 보도, 풍설	① 고소(형소법) ② 고발(형소법) ③ 자수(형소법) ④ 피해신고 등(익명신고 포함) ⑤ 투서

1. 고소

1) 고소의 의의

고소란 범죄의 피해자 또는 그와 일정한 관계가 있는 자가 수사기관에 대하여 범죄사실을 신고하여 범인의 소추를 구하는 의사표시이다.

(1) 고소권자

범죄로 인한 피해자는 고소할 수 있다.(형사소송법 제223조)

(2) 고소의 대상

고소의 대상은 수사기관이다. 수사기관이 아닌 법원 등에 하는 진정 등은 고소가 아니다.

(3) 범죄사실의 신고

범죄사실은 특정되어야 하지만 특정의 정도는 고소인이 어떤 범죄를 지정하는가를 알수 있는 정도면 된다.

(4) 소추요구

범인의 소추를 요구하는 것이 아닌 단순한 도난계의 제출 등은 고소가 아니다.

2) 고소권자

(1) 피해자(형사소송법 제223조)

피해자라 함은 범죄로 인해 침해받은 자를 말한다. 자연인, 법인, 법인격 없는 단체 모두 피해자가 될 수 있으며, 법인 등에서는 대표자가 고소권자로 된다. 또한 피해자에는 침해된 법익의 주체와 공격대상이 된 사람 모두가 포함된다. 즉, 사기죄와 관련하여서는 피기망자와 재산손해자 모두가 고소권자이며 사자명예훼손죄의 경우 사자의 친족 또는 자손이 본래적 고소자로 되는 것은 동조의 보호법인의 주체가 그들이기 때문이다(형사소송법 227조).

다만, 여기서 피해자라 할 때는 직접적 피해자만을 의미하는 것이고 간접적 피해자는 포함되지 않는다.

즉, 재산범죄의 피해자에 대해서 재산적 채권을 가지고 있는 자는 동 범죄로 말미암아 간접적으로 피해를 본다 하여도 동 범죄의 고소권자가 되는 것은 아니다.

나아가 피해자가 갖는 고소권은 일신전속적인 권리이다. 따라서 양도나 상속은 허용되지 않는다.

(2) 피해자의 법정대리인(형사소송법 제225조 1항)

피해자의 법정대리인은 독립하여 고소할 수 있다.

(3) 피해자의 배우자 · 직계친족 · 형제자매(형사소송법 제225조 2항)

피해자가 사망한 때에는 피해자의 배우자·직계친족·형제자매등은 각기 본래적 고소권자로 된다(피해자의 명시한 의사에 반하지는 못한다).

(4) 피해자의 친족(형사소송법 제226조)

피해자의 법정대리인은 자기 또는 자기의 친족이 피의자일 때에는 고소권을 행사하지 않을 것이다. 그리하여 이때에는 피해자의 친족에게 독립하여 고소하게 할 수 있도록 하고 있다. 여기서 독립하여 고소하여 고소한다는 의미는 법정대리인에서와 같다.

(5) 지정고소권자(형사소송법 제228조)

친고죄에 있어서 고소권자가 없는 경우에는 이해관계인의 신청이 있으면 검사는 10일 이내에 고소권자를 지정해야 한다.

3) 고소의 방법

(1) 고소의 방식

고소는 서면 또는 구술로써 검사 또는 사법경찰관에게 한다. 그리고 구술에 의한 고소의 경우에는 고소 받은 자는 조서를 작성해야 한다(형소법 237조).

(2) 고소의 대리

고소는 대리인을 통하여 할 수는 있다(형소법 236조).

4) 고소의 취소, 포기, 추완

(1) 고소의 취소

① 고소취소의 시기

고소는 제1심 판결선고 전까지 취소할 수 있다(형사소송법 제232조 1항). 아울러 고소를 한 번 취소한 자는 다시 취소하지 못한다(형사소송법 제232조 2항).

② 고소취소의 방법

고소를 취소할 수 있는 자는 고유의 고소권자이거나 고소의 대리행사권자이거나 불문한다. 다만 고유의 고소권자는 대리행사권자가 제기한 고소를 취소할 수 있지만, 고소권자

본인이 한 고소를 대리행사권자가 취소할 수는 없다. 따라서 피해자가 한 고소를 피해자가 사망한 후에 그 부가 고소를 취소하여도 적법한 고소취소라고 할 수 없다.

(2) 고소의 포기

고소 또는 고소권의 포기란 친고죄의 고소기간 내에 장차 고소권을 행사하지 아니한다는 의사표시를 하는 것을 말한다. 고소권의 포기를 인정할 때에는 고소권자는 고소권을 상실하게 된다. 고소의 포기가 가능한가에 대하여는 견해가 갈리나, 다수의 학설과 판례는 고소가 공법상의 권리임을 들어 포기는 불가능하다고 한다.

(3) 고소의 추완

특히 친고죄와 관련하여 고소의 추완이 가능한가에 대하여도 견해가 분분하다. 심리과정에서 비로소 친고죄로 판명된 경우에 한하여 고소의 추완을 인정하는 것이 타당하다는 견해도 있으나, 판례는 부정한다.

5) 친고죄

(1) 의의

친고죄란 고소권자의 고소가 있어야 공소제기를 할 수 있는 범죄를 말한다. 즉, 고소가 공소제기의 조건인 범죄이다. 그리하여 친고죄의 경우에 고소가 없으면 공소제기를 할 수 없고 만약 공소가 제기되면 법원은 판결로써 공소를 기각하여야 한다(형사소송법 제327조 5호).

(2) 친고죄의 종류

친고죄에는 절대적 친고죄와 상대적 친고죄가 있다. 절대적 친고죄는 해당범죄 자체가 친고죄인 것을 말함에 반하여, 상대적 친고죄는 범인이 피해자와 일정한 신분관계에 있는 경우에 한하여 친고죄로 되는 경우를 말한다. 친족상도례의 경우가 상대적 친고죄의 예이다.

(3) 고소기간

① 친고죄는 범인을 알게 된 날로부터 6개월을 경과하면 고소하지 못한다.(형사소송법 제230조)

② 범인을 안 날로부터 기산한다. 즉 범죄사실을 안 날은 상관없다.

③ 범인은 특정할 정도로 알면 족하고 공범의 경우 그 1인을 알면 족하다.(불가항력의 사유가 있는 경우에는 사유가 없어진 날로부터 시작)

④ 고소권 있는 자가 수인인 경우 그 중 1인이 고소기간을 해태하여도 나머지 고소권

자에게는 영향을 미치지 않는다.

2. 고발

1) 고발이란 범인 또는 고소권자 이외의 제3자가 수사기관에 대하여 범죄사실을 신고하여 소추를 구하는 의사표시를 말한다.

2) 고소와 같은 점

① 수사기관에 대해 한다는 점
② 범죄사실을 신고한다는 점
③ 소추를 구한다는 점
④ 고발은 수사의 단서이나 특정 범죄에 있어서는 소추조건인 경우가 있다.(세법, 관세법등의 위반범죄의 소추에서 세관장, 세무서장의 고발이 필요)
⑤ 고발과 고소의 방법은 같다.

3. 자수

스스로 수사기관에 자기의 범죄사실을 신고하여 그 처분을 바라는 의사표시이다. 또한 형사소송법상 수사의 단서이고 형법상으로는 형의 감면사유가 된다.(형법 제52조)

4. 피해신고(익명신고, 투서, 밀고) 진정 기타의 수사단서

즉시 수사가 개시되는 것이 아니라, 범죄의 혐의가 있다고 판단하여 수사를 개시하는 범죄인지(입건)에 의하여 수사가 개시된다.

제2절 **범죄첩보**

1. 범죄첩보의 의의 · 중요성 및 특징

1) 의의

범죄첩보라 함은 수사첩보의 한 내용으로서, 범죄수사상 참고가 될 만한 제반사항을 말한다.

2) 중요성

사회가 발전할수록 범죄도 다양화 되어 범행의 수단과 방법도 교묘화 된다. 이에 빠르게 대처하여 계획적·조직적인 수사를 추진하기 위해서 범죄첩보의 수집에 특히 많은 노력이 필요하다.

3) 범죄 첩보의 특징

(1) 시한성 - 시간이 경과함에 따라 가치가 변화한다.
(2) 결과지향성 - 수사착수하여 사건으로 현출되는 결과가 있어야 한다.
(3) 가치변화성 - 수사기관의 필요성에 따라 가치가 달라진다.
(4) 결합성 - 여러 첩보가 서로 결합되어 이루어진다.
(5) 혼합성 - 그 속에 하나의 원인과 결과를 내포하고 있다.

4) 범죄첩보의 성적평가

(1) 특보: 전국단위 기획수사에 활용될 수 있는 첩보
(2) 중보: 2개 이상 경찰서와 연관된 중요 사건 첩보 등 지방청 단위에서 처리해야 할 첩보
(3) 기록: 내사할 정도는 아니나 추후 활용할 가치가 있는 첩보
(4) 통보: 경찰서 단위에서 내사할 가치가 있는 첩보

2. 범죄첩보의 수집

수집된 첩보는 수집관서에서 처리하는 것을 원칙으로 한다. 다만, 평가 책임자는 첩보에 대해 범죄지, 피내사자의 주소·거소 또는 현재지 중 어느 1개의 관할권도 없는 경우 이송할 수 있다. 이송을 하는 첩보의 평가 및 처리는 이송받은 관서의 평가 책임자가 담당한다(수사첩보 수집 및 처리규칙 [경찰청 예규 제530호, 2017.10.13.] 제9조 제1항).

수사첩보의 일종으로 수사상 참고가 될 만한 제반사항을 말하며 평가 책임자는 제출된 첩보에 대하여 비공개를 원칙으로 한다. 평가책임자는 첩보에 대해 피내사자가 관내에 거주하는 경우에는 관할권이 있는 경우로 범죄지 관할 경찰서에서 수사를 할 수 있도록 첩보를 이송하지 않는다. 평가 책임자는 제출된 첩보에 대하여 비공개를 원칙으로 하되, 범죄예

방 및 검거 등 수사목적상 첩보 내용을 공유할 필요가 있다고 인정할 경우 범죄첩보분석시스템상에서 공유할 수 있다(수사첩보 수집 및 처리규칙 [경찰청 예규 제530호, 2017.10.13.] 제7조 제5항)

3. 내사

1) 내사

진정, 신고, 풍설 등의 내용이 범죄혐의 유무를 조사할 가치가 있다고 할 때 그 진상을 규명하기 위하여 사건이 형사사건으로 입건되기 이전단계에서 조사를 말하며, 첩보내사, 진정·탄원내사, 고소내사로 분류하고, 토지 또는 사물관할이 없거나 범죄특성 등을 고려하여 자체내에서 내사하는 것이 적당하지 않은 경우에는 내사착수 전에 관할 있는 경찰관서 및 해당기관에 이첩하여야 한다.

내사는 임의적인 방법을 원칙으로 하므로 체포·구속 등의 대인적 강제처분은 허용되지 않는다. 「경찰 내사 처리규칙」상 무기명 또는 가명으로 한 경우, 단순한 풍문이나 인신공격적인 내용인 경우, 3회 이상 반복진정하여 2회 이상 그 처리결과를 통지한 것과 같은 내용인 경우, 민사소송에 관한 사항인 경우 진정내사사건 처리시 공람종결사유에 해당한다.

2) 입건(수사개시)

범죄인지, 고소고발의 접수, 검사의 수사지휘 등

3) 수사의 실행

구속기간 10일 이내, 고소·고발사건은 수리한 날로부터 2개월 이내 완료한다.

4) 수사의 종결

종결권자는 원칙적으로 검사가 하며, 즉결심판은 경찰서장이 한다. 종결방법은 기소처분과 불기소처분으로 구분하는데 공소시효가 완성된 경우, 피의사실이 인정되지만 피의자가 사망한 경우, 형면제 사유가 있는 경우, 공소권 없음, 고소고발사건에 대하여 혐의없음, 죄가 안 됨, 공소권 없음이 명백한 경우 '각하', 고소인이 소재불명인 경우 '참고인 중지', 피의자가 소재불명인 경우 '기소중지', 피의사실의 범죄의 구성요건에 해당하지 않는 경우는 '혐의 없음', 폭행죄·상해죄에 있어서 정당방위로 인정되는 경우 '죄가 안 됨' 등의 처분을 한다.

5) 범죄인지, 내사와 수사 구별

(1) 각 개념에 대한 이해

범죄인지는 수사기관(주체)이 범죄혐의를 인정하고 수사를 개시하는 것이고, 내사는 수사기관이 범죄인지를 하기 전의 조사활동을 의미하는 것이다.

내사와 수사의 구별기준은 범죄인지 여부, 즉 수사기관이 직권으로 조사활동을 하는 경우에 인지 이전의 활동은 내사, 인지 이후의 활동은 수사이다.(고소·고발사건의 경우 고소·고발장 접수와 함께 사건수리가 되므로 바로 수사를 개시)

(2) 사건수리(접수)

수사기관이 형사사건으로 수리하여(인정하여) 사건번호를 붙이는 절차, 이렇게 형사사건으로 되어 형사소송절차 안으로 들어오는 것을 실무상 입건이라 한다.

(3) 입건과 인지는 동일한 개념인가?

입건의 주요한 원인으로 고소·고발, 자수 및 인지 등, 즉 인지는 입건의 한 원인일 뿐이다.

6) 내사와 수사 구별의 실익

(1) 내사단계의 수사방법의 한계

① 형사소송법상 수사방법은 인지 후의 수사를 전제, 따라서 내사단계에서는 조사대상자를 피의자로 조사하여서는 안 되면 피의자를 전제로 하는 조사방법을 제한한다.
② 참고인신문형식, 단 참고인 조사 중 범죄혐의가 있다고 사료되면 즉시 피의자 신문으로 변경한다.
③ 인적 강제처분(체포 등) 제한, 즉 조사대상자를 실질적으로 체포한 경우에는 반드시 피의자신문방법으로 한다.
④ 임의적 조사방법(참고인조사, 임의제출물의 압수 등)은 허용한다.

(2) 사건처리절차의 차이(수사에 대한 통제)

경찰 내사사건은 검찰지휘 및 송치 대상이 아니다.

제3절 범죄인지

1. 인지의 시기

형사소송법상 범죄혐의가 있다고 사료되는 때가 인지의 시점이 된다.(실질적 개념) 또한 범죄인지보고서 작성, 사건번호 부여(범죄사건부 등재) 등 형식적 절차는 수사기관의 행정절차에 불과하다.

> "다만, 내심으로 혐의를 품고 있는 정도의 상태만으로는 존재한다고 할 수 없고 고소, 고발 또는 자수를 받거나 또는 수사기관 스스로 범죄의 혐의가 있다고 보아 수사를 개시하는 범죄의 인지 등 수사의 대상으로 삼고 있음을 외부적으로 표현한 때에 비로소 그 존재를 인정할 수 있다."(89도648)

2. 관련 판례

범죄인지보고서 작성전 피의자신문조서의 증거능력은 인정, 왜냐하면 범죄인지서 작성은 행정편의를 위한 사무처리절차 규정일 뿐이다.(2000도2968)

검찰사건사무규칙 제2조 내지 제4조에 의하면, 검사가 범죄를 인지하는 경우에는 범죄인지서를 작성하여 사건을 수리하는 절차를 거치도록 되어 있으므로, 특별한 사정이 없는 한 수사기관이 그와 같은 절차를 거친 때에 범죄인지가 된 것으로 볼 것이나, 범죄의 인지는 실질적인 개념이고, 이 규칙의 규정은 검찰행정의 편의를 위한 사무처리절차 규정이므로, 검사가 그와 같은 절차를 거치기 전에 범죄의 혐의가 있다고 보아 수사를 개시하는 행위를 한 때에는 이 때에 범죄를 인지한 것으로 보아야 한다.

제4절 수사개시를 위한 자료의 개관

형사절차는 수사에서 출발한다. 제195조와 제196조에 따르면 수사는 범죄혐의가 존재한다는 수사기관의 인식을 필요로 한다. 이러한 인식을 확인하기 위한 활동, 즉 범인을 발견, 검거하고 증거를 수집하여 범죄혐의를 구체화해 가는 일련의 활동이 수사이다. 수사는 수사기관이 범죄혐의가 있다고 인식하는 때에 비로소 개시된다. 따라서 범죄혐의가 있다는 인식이 없는 상태에서 이루어지는 수사기관의 활동은 형사소송법상 수사의 개념으로 보기

어렵다.

　수사의 개시는 범죄혐의에 대한 수사기관의 인식을 전제로 한다. 그런데 범죄혐의가 충분치 않은 때에도 수사기관의 활동은 이루어진다. 이러한 활동은 실무적으로 내사로 불리는데, 위에서 제시한 수사의 개념에는 포함되지 않는다.

　내사는 아직 범죄혐의가 있다는 판단에 이르기 전의 상태로서 수사기관이 수사에 필요한 범죄혐의가 있는지 여부를 확인하기 위한 조사활동이다. 형소법에서 수사의 단서로 규정하고 있는 고소, 고발, 자수가 있다면 내사 없이 즉시 수사가 개시되지만, 그렇지 않은 경우에는 수사기관이 수사단서를 기초로 스스로 범죄혐의를 인지하기 위한 사전조사활동, 즉 내사활동을 전개한다. 주로 범죄에 관한 신문, 잡지등의 기사 또는 라디오, TV등의 방송, 익명의 신고 또는 풍설, 피해자나 제3자의 진정, 탄원, 투서 등의 수사단서가 있지만 출처의 불명, 신빙성의 미약 등의 사유로 그 자체로서는 곧바로 수사를 개시하기 어려운 경우에 통상 내사의 과정을 거쳐 범죄혐의 유무를 확인한다.

　수사기관의 내사는 일반적 범죄유형에서 보여지는 피해자−가해자 형태를 보여주지 않아 직접적 피해자가 없거나 또는 피해자가 있어도 자신을 드러내고 싶어하지 않는 범죄유형, 예컨대 마약, 조직범죄, 뇌물범죄등에서 특히 요구된다. 수사기관은 내사를 통해 범죄혐의 유무에 대한 판단, 즉 수사를 개시할 것인가 또는 조사활동을 종결할 것인가의 판단을 하게 되는데 이러한 판단은 수사기관이 제반상황에 대응하여 자신에게 부여된 권한을 적절하게 행사할 수 있도록 합리적인 재량에 위임되어 있는 행위로 파악되고 있다.

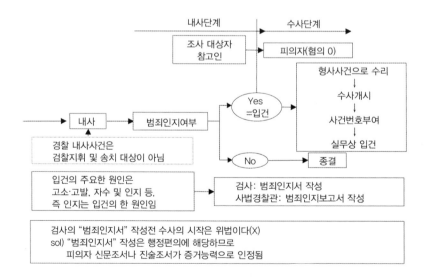

1. 불심검문(경찰관직무집행법 제3조)

1) 불심검문(직무질문)의 의의

(1) 경찰관이 거동이 수상한 자를 발견한 때에 정지시켜 질문하고 경우에 따라 일정한 장소에 동행하게 하는 것을 말한다

(2) 수사의 단서로서 기능을 한다.

2) 불심검문의 대상

(1) 수상한 거동과 주위의 사정 등으로 판단으로 죄를 범하였거나 범할 우려가 있다고 상당하게 의심이 가는 자

(2) 행해진 범죄 내지 행하여지려는 범죄에 대해 알고 있다고 인정되는 자가 불심검문의 대상자이다.

(3) 상당한 의심의 정도는 준현행범인 또는 긴급구속에는 이르지 않을 정도의 수준을 말한다고 보는 것이 일반적 견해이다.

3) 불심검문의 요건 및 절차

(1) 방법 여하를 불문하고 대상자의 동의(임의처분)에 기초로 한다.

(2) 불심검문할 때에는 신분 표시 증표를 제시하면서 소속과 성명을 밝히고 그 목적과 이유를 설명하여야 하며 동행의 경우에는 동행장소를 밝혀야 한다.

4) 불심검문의 방법

(1) 정지와 질문

① 질문의 방법

　a. 불심검문의 핵심은 질문에 있다.

　b. 정지와 동행요구는 질문을 위한 수단에 불과하다.

　c. 질문은 행선지나 용건 또는 성명·주소·연령 등을 묻고, 필요한 때에는 소지품의 내용을 질문하여 수상한 점을 밝히는 방법이다.

　d. 질문은 임의수단으로 질문에 대하여 상대방의 답변 강요는 불가하다

② 동행요구

　a. 현장소에서의 질문이 대상자에게 불리하거나 기타 교통방해를 초래한다고 판단

되는 경우에는 경찰관서로의 임의동행 요구 가능하다(거절할 수 있음).
b. 동행을 한 경우에는 경찰관은 당해인의 가족 또는 친지 등에게 동행한 경찰관의 신분, 동행 장소, 동행목적과 이유를 고지하거나 본인으로 하여금 즉시 연락할 수 있는 기회를 제공하여야 한다.
c. 변호인의 조력을 받을 권리가 있음을 고지한다.
d. 동행의 경우 경찰관은 6시간을 초과할 수 없다.

(2) 소지품검사

① 소지품검사의 의의

흉기 기타 물건의 소지 여부를 밝히기 위함이다.

② 소지품검사의 법적 근거: 경찰관직무집행법 제3조를 근거로 한다.

(3) 자동차검문

① 자동차검문의 의의

a. 범죄의 예방과 검거를 목적으로 통행중인 자동차를 정지하여 운전자 또는 동승자에게 질문하는 것을 말한다.
b. 자동차검문에는 교통검문·경계검문 및 긴급수배검문이 있다.

② 자동차검문의 법적 근거

a. 도로교통법 제47조의 일시정지권이 있다.
b. 모든 차량의 검문을 내용으로 하는 경계검문과 긴급수배검문에 대한 직접적인 근거 규정은 없다.
c. 경계검문은 경찰관직무집행법 제3조 1항에 근거로 한다.

2. 변사자사건의 처리

1) 변사체의 정의

(1) 변사자

노쇠사·병사 등의 자연사가 아니고 부자연한 사망 사인이 불명하며 범죄에 기인한 것이 아닌가 의심(범죄에 의한 것일 가능성)있는 사체이다.

(2) 변사의 의심 있는 사체

자연사이지 부자연사인가가 판명되지 않은 것, 범죄에 기인한 것이 아닌가 의심 있는 사체이다.

2) 변사사건처리의 목적

(1) 변사사건의 처리는 변사체의 사인 규명이 목적이다.

(2) 자·타살 여부 명확히 하고 변사가 범죄에 기인한 것일 때에는 수사의 단서가 목적이다.

(3) 신원불상 변사체 신원을 파악함으로써 범죄수사에 활용이 목적이다.

(4) 사체를 유가족에게 인도함을 목적이다.

3) 처리의 방침

(1) 변사체의 처리시에는 사인을 규명 자·타살 여부를 명확히 해야 한다.

(2) 신원불상 변사자는 후술하는 긴급사건수배에 준하여 수배한다.

(3) 지문규칙 십지지문을 채취 조회하여 신속히 신원 파악을 한다.

(4) 신원이 판명되지 않은 사건으로서 계속 수사할 필요가 있을 때에는 변사자 수배 카드를 작성 관리한다.

4) 근거법규

(1) 형사소송법 제222조(변사자의 검시)

(2) 사법경찰관리의 직무규칙

(3) 범죄수사규칙

(4) 변사사건 처리

(5) 지문규칙

(6) 행정검시규칙

(7) 벌칙
   ① 형법 제163조: 변사체검시 방해죄
   ② 경범죄처벌법

5) 변사자 처리요령

(1) 변사자의 발견, 신고

경찰관은 변사자 또는 변사의 의심 있는 사체 발견, 사체 신고를 받았을 때에는 즉시 경찰서장에게 보고한 후, 변사자 발생보고를 받은 사법경찰관은 형사소송법 제222조에 의한 검시가 행하여지도록 즉시 관할 지방검찰청 또는 지청의 검사에게 보고하여 그 지휘를 받는다.

(2) 검시의 대행

① 검사의 지휘를 받았을 때에는 사법경찰관이 검시 행하여야 한다.

② 사법경찰관은 의사의 참여 요구하여 검시를 행하고 즉시 그 결과 경찰서장과 검사에게 보고 동시에 검시조서 작성한다.

③ 검시함에 있어 관계자 등의 진술조서를 작성한다.

④ 의사의 사체검안서와 촬영 사진 등과 같이 이를 검사조서에 첨부한다.

(3) 검시와 참여인

① 검시를 함에 있어서는 사법경찰관리와 의사 참여

② 검시에 특별한 지장이 없다고 인정할 때에는 변사자의 가족, 친족, 동거인, 또는 구, 군, 읍, 면, 동의 공무원과 기타 필요하다고 인정되는 자를 참석

(4) 검시시의 조사사항

① 검시를 할 때에는

    a. 변사자의 본적, 주거, 직업, 성명, 연령과 성별

    b. 변사장소 주위의 지형과 사물의 상황

    c. 변사자의 위치, 자세, 인상, 치아, 전체의 형상, 인상, 문신

② 기타 특징

    a. 사망의 추정 연월일시

    b. 사인(특히 범죄행위에 기인 여부)

    c. 흉기 기타 범죄행위에 사용되었다고 의심되는 물건

    d. 발견 일시와 발견자

    e. 의사의 검안과 관계인의 진술

    f. 착의 및 휴대품

    g. 소지품 및 유류품

    h. 참고인

    I. 중독사의 의심이 있을 때에는 독물의 종류와 중독에 이른 경위 등에 대하여 조사

(5) 검시를 행함에 있어서 주의사항

① 검시에 착수하기 전에 변사자의 위치 · 상태 등이 변하지 아니 하도록 현장보존한다.

② 변사자의 소지금품이나 기타 유류한 물건으로서 수사에 필요 있다고 인정될 때에는 보존한다.

③ 잠재지문과 변사자 지문 채취에 유의하고 의사로 하여금 사체검안서 작성한다.

④ 자살자나 자살의 의심 있는 사체를 검시할 때에는 교사자 또는 방조자의 유무, 유서가 있을 때에는 그 진위를 조사한다.

⑤ 익사체의 경우 소지품을 잘 검토, 변사자의 유족, 친족, 친구, 변사전 최후에 변사자를 본 사람 등의 진술을 세심하게 검토하여 사인을 규명한다.

(6) 검시에 연속된 수사

(범죄수사규칙[경찰청 훈령 제858호, 2018. 1. 2.] 제36조 1항)

① 사법경찰관이 검시를 한 경우에 사망이 범죄에 기인한 것으로 인정될 때 경찰서장과 당해 검시를 지휘한 검사에게 보고하는 동시에 수사한다.

② 수사상 필요할 때에는 압수, 수색, 검증 영장을 받아 검증한다.

③ 의사 기타 적당한 감정인에게 사체의 해부를 위촉한다.

④ 검증조서와 감정서만을 작성 검시조서의 작성을 생략한다.

⑤ 범행중 또는 범행직후의 범행장소에서 긴급을 요하고 영장 발부 받을 수 없을 때 영장 없이 압수, 수색 또는 검증 등을 행하고 사후에 지체없이 영장을 발부 받는다.

(7) 시체의 인도

(범죄수사규칙[경찰청 훈령 제858호, 2018. 1. 2.] 제37조 1항)

① 사법경찰관은 변사체를 검시 후 사망이 범죄에 기인하지 아니한 것으로 명백히 인정되었을 때는 검사의 지휘를 받아 소지금품 등과 같이 사체를 신속히 유족 등에게 인도한다.

② 사체를 인수할 자가 없거나, 그 신원이 판명되지 아니한 때 사체 현존지의 구청장, 시장 또는 읍, 면장에게 인도한다.

③ 인도를 하였을 때에는 사체 및 소지금품 인수서를 받아야 한다.

④ 변사체는 후일을 위하여 매장함을 원칙으로 한다.

(8) 사진의 촬영과 지문의 채취

① 사법경찰관은 변사자에 관하여 검시 · 검증 · 해부조사 등을 하였을 때 특히 인상 · 전신의 형상 · 착의 기타 특징 있는 소지품의 촬영, 지문의 채취한다.

② 사후의 수사 또는 신원조사에 지장을 초래하지 않도록 한다.

(9) 가족관계등록등에 관한 법률에 의한 통보

① 사법경찰관은 변사자의 검시을 행한 경우 사망자의 본적이 분명하지 아니하거나 사망자를 인식할 수 없을 때에는 호적법 규정에 의하여 지체 없이 사망지의 구 · 시 ·

읍·면의 장에게 검시조서를 첨부 사망 통보서를 송부하여야 한다.

② 사망자의 본적이 분명하여졌거나 사망자를 인식할 수 있게 된 때 지체없이 그 취지를 당해 구·시·읍·면의 장에게 추보한다.

(10) 변사자의 수배요령

① 변사사건의 수배는 긴급사건 수배요령, 긴급사건 수배를 받는 지방경찰청에서는 긴급수배한다.

② 신원이 발견되지 않은 사건 계속 수사할 필요가 있을 때에는 변사자 수배카드를 작성 관리한다.

③ 변사자 발생 경찰서에서는 지문, 십지지문을 채취하여 경찰청에 조회 의뢰 변사자의 인상과 특징 등을 사진촬영 변사자 수배카드를 작성, 활용. 지문 조회 시는 반드시 성별, 연령, 사망일시 및 장소 등을 기입하고 조회한다.

④ 경찰서에서 작성한 변사자 수배카드 당해 지방경찰청에 송부하고 지방경찰청에서는 그 카드를 피의자사진 관리규정에 의한 신체특징 종별기준법에 의거 분류 보관 연고자 열람 또는 경찰조회 등에 활용한다.

⑤ 타 시도 연고지 경찰서에 수배가 필요한 때에는 카드의 필요매수를 작성 연고지 지방경찰청에 한하여 수배한다.

⑥ 수배업무에 당하는 자는 언제나 수배사항에 유의하여 수사, 연고지 지방경찰청에서는 적극적으로 수사 연고자의 발견이나 열람이 필요할 때에는 당해 지방경찰청에 조회한다.

3. 사법검시와 행정검시

(1) 변사사건은 신속하게 처리한다.

(2) 사체를 유가족에게 신속히 인도하기 위하여 범죄와의 관련이 희박한 변사사건은 그 처리절차를 간소화한다.

(3) 화재·낙뢰·파선 등 자연재해로 인한 사망자, 행려병사자로서 범죄에 기인되지 아니한 것이 명백한 사체임을 확인한다.

(4) 범죄에 기인되지 아니한 사체는 그 대상에서 제외하여 간단한 절차인 행정검시로 완결한다.

	사법검시 I (사인 다투지 않는 사건)	사법검시 II (사인 다투는 사건)	행정검시
보고	변사체를 발견하거나 신고를 받았을 때 즉시 경찰서장에게 보고		
보고	검사에게 발생보고 및 지휘건의		검사의 지휘 불요
검시 · 부검	1. 대행검시시 의사의 참여 요구하여 검시를 행하고 검시조서 작성 2. 의사의 사체검안서 작성첨부	1. 수사상 필요한 때에는 영장을 받아 검증하되 의사 기타 적당한 감정인에게 시체해부를 위촉 2. 긴급을 요할 때에는 영장없이 검증할 수 있으며 사후에 영장을 받아야 함(이 경우 검증조서와 감정서만을 작성하고 검시조서 작성 생략가능)	1. 발생보고 받은 서장은 변사체가 행정검시 대상에 해당된다고 인정될 때 파출소장에게 행정검시를 명함 2. 파출소장의 조치 • 의사의 검안을 거쳐 행정검시조서 작성 • 행정검시조서, 사체검안서, 사체인수서 첨부하여 서장에게 처리 결과 보고
사체 인도	발생시간 접수 12시간 이내 유족에게 인도	사건접수 24시간 이내에 사체를 유족에게 인도	사체는 즉시 유족에게 인도

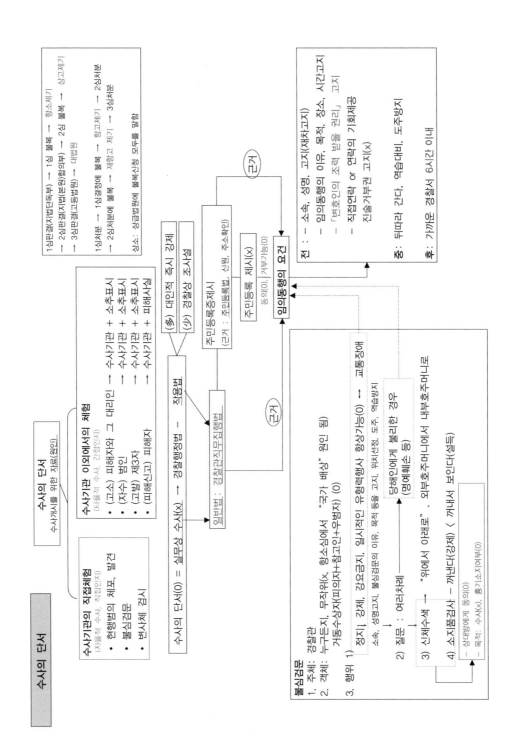

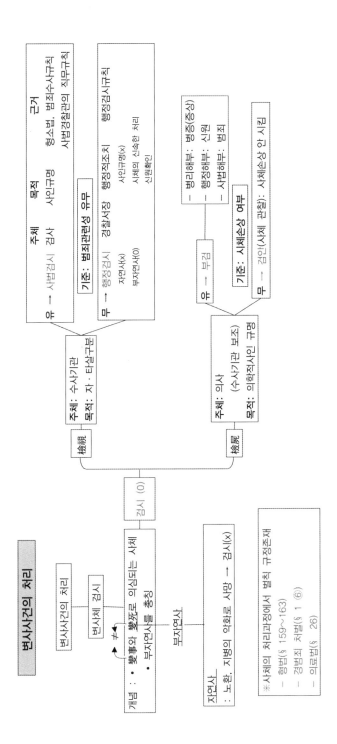

변사사건의 처리

변사사건의 처리

변사체 검시

개념 : · 變事와 變死로 의심되는 시체
　　　　부자연사를 총칭

부자연사

자연사
: 노환, 지병의 악화로 사망 → 검시(x)

※ 사체의 처리과정에서 별칙 규정존재
- 형법(§ 159~163)
- 경범죄 처벌(§ 1 ⑥)
- 의료법(§ 26)

검시 (0)

檢視
主체: 수사기관
목적: 자·타살구분

기준: 범죄관련성 유무

유 → 사법검시
　　주체: 검사
　　목적: 사인규명
　　근거: 형소법, 범죄수사규칙 / 사법경찰관의 직무규칙

무 → 행정검시
　　경찰서장 / 행정적조치 / 행정검시규칙
　　자연사(x)
　　부자연사(0)
　　사인규명(x)
　　사체의 신속한 처리
　　신원확인

檢屍
主체: 의사
　　(수사기관 보조)
목적: 의학적사인 규명

기준: 시체손상 여부

무 → 검안(사체 관찰): 사체손상 안 시킴

유 → 부검
　　- 별리해부: 병증(증상)
　　- 행정해부: 신원
　　- 사법해부: 범죄

변사체 검사

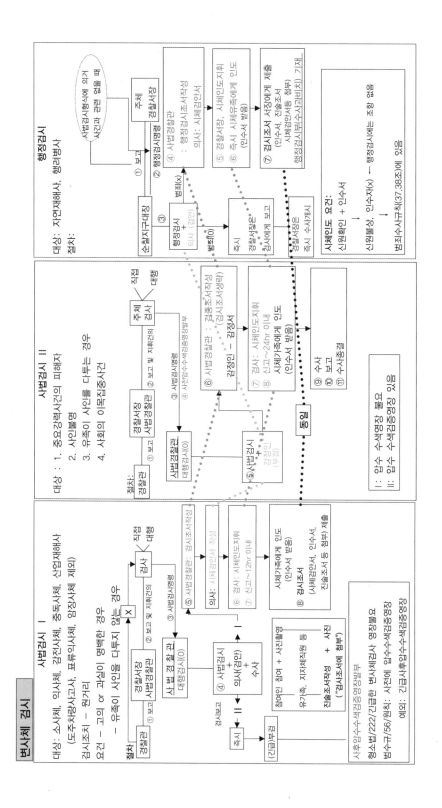

변사사건의 처리, 저작권 및 기타

변사체 발견 → 십지지문채취 → 신원확인조회(긴급사건 수배에 준하여)

→ **변사자 수배카드 작성** ┌ (1.배부요청) → **타 지방청(실종자, 가출인)**
　　　　　　　　　　　　　└ (2. 교부) →
　　　　　　　　　　　　　　　　　　　　⇩
　　　　　　　　　　　　　┌ 연고지 지방청에 교부(배부) (O)
　　　　　　　　　　　　　└ 전국 지방청에 교부(배부) (X)

★ 신원불상자 or 인수자(x)
　　시체와 소지 금품 ──────→ 시체 현존지 구·읍·면장에게(후일을 위해 매장)
　　　　　　　　　　 인수서

★ 신원 불상 및 족적 불명(호적법을 준용)

　　사망통보서(+검시조서첨부) → 사망지 구읍시 면장에게
　　(경찰이 보내줌)　　　　　 → (후에 판명되면) 호적지 구읍시 면장에게

제3장

임의수사와 강제수사

학습목표	① 임의수사와 강제수사를 이해할 수 있다. ② 수사의 개념을 바탕으로 임의수사와 강제수사를 구별할 수 있다. ③ 임의수사와 강제수사의 종류에 대해 이해할 수 있다.
학습목차	① 임의수사의 의의와 방법 ② 강제수사의 의의와 방법

범죄수사의 방법은 일반적으로 임의수사와 강제수사의 두 가지로 분류한다.

임의수사란 강제력을 행사하지 아니하고 상대방의 동의나 승낙을 얻어서 수사하는 방법이다. 강제수사란 상대방의 의사여하를 불문하고 강제적으로 수사하는 방법이다.

임의수사와 강제수사 구별

	의　　의	종　　류
임의수사	강제력을 행사하지 않고 상대방의 동의나 승낙을 얻어서 행하는 수사	출석요구, 참고인조사, 피의자신문, 감정·통역·번역, 임의제출물 압수, 실황조사, 사실조회, 촉탁수사
강제수사	상대방의 의사여부를 불문한 강제처분에 의한 수사	체포영장에 의한 체포, 긴급체포, 현행범인 체포, 피의자의 구속, 압수·수색·검증, 증거보전, 증인신문의 청구, 수사상감정 유치, 기타 감정에 필요한 처분

제1절 임의수사

1. 의 의

수사기관은 수사에 관하여 그 목적을 달성하기 위하여 필요한 조사를 할 수 있으며(단 강제처분은 형사소송법에 특별한 규정이 있는 경우에 한하여 허용) 강제처분에 의한 수사가 강제 수사이며, 이외의 수사는 임의수사에 해당한다.

2. 종 류

출석요구, 피의자신문, 참고인조사, 통역, 번역, 감정위촉, 임의제출물의 압수, 사실조회, 실황조사, 공무소조회, 촉탁수사, 공무소등 사실조회 등

(1) 출석요구

출석요구는 일반적으로 출석요구서의 송부에 의하나, 전화나 구두로도 가능하다(형소법 200조 1항, 출석 거부 가능), 출석요구를 한 때에는 그 근거를 반드시 사건기록에 남겨야 한다.(1회조사 원칙, 나중에 체포영장 신청 소명자료), 출석을 요구하는 장소는 반드시 수사관서일 필요가 없다.(사법경찰관명의, 소환(법원)과 구별)

(2) 참고인조사

참고인이란 피의자 아닌 자(사건 관련자, 목격자 등) 출석을 요구하여 참고인진술조서 작성하는 것을 말하며 진술거부권 고지는 불요한다. 참고인은 강제로 소환 당하거나 신문 당하지 않는다. 참고인 조사시에는 진술거부권을 고지하지 않는다. 피의자에 대하여는 신문조서를 작성하나, 참고인에 대하여는 진술조서를 작성한다. 진술녹화는 참고인의 동의가 필요하다.

(3) 감정, 통역, 번역

특별한 학식, 경험이 있는 제3자에게 그 학식, 경험을 토대로 한 실험법칙의 결과나 구체적 사실에 관한 판단의 결과를 알려 주도록 요청하는 수사방법이다. 임의수사이므로 위촉받은 자의 수락 여부는 그의 자유임, 감정 후에 감정인을 참고인으로 조사할 수 있다. 통역인은 별도 참고인 진술조서 작성, 외국인, 농아자는 통역을 통해 피의자신문조서 작성한다.

(4) 임의제출물의 압수

임의제출물은 영장 없이 압수할 수 있으며, 압수시에는 압수조서와 압수목록을 작성하여야 한다. 임의로 제출한 물건일지라도 일단 압수되면 그 효과에 있어서는 영장에 의한 압수와 동일하다. 피의자신문조서, 진술조서, 검증조서, 실황조사서에 압수의 취지를 기재함으로써 압수조서의 작성에 갈음할 수 있다.

(5) 실황조사

수사기관이 강제력을 사용하지 않고 범죄현장 기타 범죄관련 장소, 물건, 신체 등의 존재 상태를 5관의 작용으로 실험, 경험, 인식한 사실을 명확히 하는 수사활동이다. 실황조사를 한 때에는 실황조사서를 작성하여야 한다. 실황조사는 실무상 검증과 다를 바가 없으나 강제력이 따르지 않으므로 영장이 필요 없고, 검사의 지휘를 받지 않는다는 점에서 차이가 있다.

(6) 사실조회

수사상 필요한 때에는 공무소 또는 공사단체에 특정사항 조회할 수 있으나, 그 이행을 강제할 수 없는 임의수사이다.

(7) 촉탁수사

타 수사기관에게 일정 사실의 수사를 의뢰하는 공조수사의 일종이다.

제2절 강제수사

1. 의 의

상대방 의사 불문하고 강제력으로 수사한다.(법률에 근거, 영장주의 원칙)

2. 종 류

체포영장에 의한 체포, 긴급체포, 현행범인 체포, 피의자 구속, 압수와 수색, 검증, 증인신문 청구, 증거보전청구, 수사상 감정유치

1) 체포영장에 의한 체포

(1) 요 건

① 피의자가 죄를 범하였다고 의심할만한 상당한 이유가 있고 출석에 불응하거나 출석에 불응할 우려(정당한 이유없이)가 있는 경우에 한하여 체포할 수 있다.

② 다액 50만원 이하의 벌금, 구류, 과료의 경우
일정한 주거가 없거나, 출석요구에 정당한 이유없이 불응한 경우에 한하여 체포할 수 있다.

(2) 절차 및 집행

① 사법경찰관의 신청과 검사의 청구로 법관이 발부한 체포영장에 의하여 체포를 한다.

② 미란다 원칙의 고지
체포의 이유, 범죄사실의 요지, 변호인을 선임할 수 있음을 고지하고 변명의 기회를 준 후 확인서를 받아 수사기록에 편철한다.

③ 체포나 구속시에는 24시간 이내에 변호인 또는 피의자가 지정한 자에게 서면으로 통지한다.

④ 구속할 필요가 있는 경우에는 48시간 이내에 구속영장을 청구한다.

⑤ 체포영장을 소지하고 있지 않아서 긴급을 요하는 경우
피의자에게 범죄 사실의 요지와 체포영장이 발부되었음을 고지하고 집행할 수 있으며, 집행을 완료한 후에는 신속히 체포영장을 제시하여야 한다.

(3) 사후절차 : 48시간 이내 구속영장 청구

2) 긴급체포

(1) 요건

① 중대성: 피의자가 사형, 무기 또는 장기 3년 이상의 징역이나 금고에 해당하는 죄를 범하였다고 의심할 만한 상당한 이유가 있어야 한다.

② 필요성: 증거를 인멸할 염려가 있거나, 도망 또는 도망할 염려가 있어야 한다.

③ 긴급성: 피의자를 우연히 발견한 경우 등과 같이 긴급을 요하여 판사의 체포 영장을 발부 받을 수 없어야 한다.

④ 긴급체포는 중대성이 큰 사건이므로 경미사건의 특칙이 없다.

(2) 긴급체포 절차

긴급체포 → 범죄사실 등 고지 → 긴급체포서 작성 → 긴급체포원부 기재 → 긴급체포 통지 → 긴급체포승인 건의 → 구속영장 신청 또는 석방

(3) 사후절차

① 긴급체포서 작성, 12시간 이내 긴급체포승인 건의. 승인 거부시는 즉시 석방
② 48시간 이내 구속영장 청구 ×, 청구후 발부 받지 못한 때 즉시 석방

(4) 긴급체포할 수 없는 범죄

명예훼손죄, 동의낙태죄, 업무상 과실치사죄, 과실치사죄, 공문서부정행사죄, 무면허, 도박, 업무상과실장물죄, 폭행죄, 실화죄, 업무상과실재물손괴죄, 청소년보호법 중 포장·표기·주류판매·출입죄, 점유이탈물횡령죄 등

3) 현행범인 체포

(1) 요건

① 현행범인은 누구든지 영장 없이 체포할 수 있다.
② 사인이 체포한 현행범인을 인수받은 사법경찰관은 현행범인인수서를 작성하고, 사법경찰관이 현행범인을 체포한 경우에는 현행범인체포서를 작성한다.
③ 다액 50만원 이하의 벌금, 구류 또는 과료에 해당하는 죄의 현행범인은 주거가 분명하지 아니한 때에 한하여 현행범으로 체포할 수 있다.(경미사건의 특칙)
④ 현행범인 석방시에는 검사의 사전지휘를 받지 아니한다.

(2) 체포의 제한

경미사건 경우 다액 50만원 이하의 벌금, 구류 또는 과료에 해당하는 죄의 현행범인에 대하여는 범인의 주거가 분명하지 아니한 때에 한하여 체포할 수 있다.

(3) 사후조치

① 사인이 체포한 경우 인도를 받은 때: 현행범인 인수서 작성
② 48시간 이내 구속영장 청구하거나, 검사의 지휘없이 즉시 석방할 수 있다.

4) 압수와 수색

(1) 의 의

수색시 압수물이 없을 경우에는 압수물이 없다는 수색증명서를 발급, 압수물이 있을 경우에는 압수목록을 기재한 압수증명서를 교부한다.

압수조서에는 압수의 경위를 압수목록에는 압수물의 특징을 기재한다.

(2) 환부

압수물을 종국적으로 소유자 또는 제출자에게 반환하여 압수의 효력을 해제시키는 처분이다. 환부의 경우 소유자 등의 청구가 있을 것을 요하지 않는다.

(3) 가환부

① 압수의 효력을 존속시키면서 압수물을 소유자, 소지자 또는 보관자 등에게 잠정적으로 환부하는 처분이다.

② 몰수의 대상이 되는 압수물은 환부 및 가환부를 할 수 없다.

③ 증거에 공할 목적으로 압수한 물건으로서 그 소유자 또는 소지자가 계속 사용하여야 할 물건은 사진촬영 기타 원형보존의 조치를 취하고 신속히 가환부하여야 한다.

(4) 압수의 요령

① 공무원 또는 공무원이었던 자가 소지 또는 보관하는 물건에 관하여는 본인 또는 그 당해 공무소가 직무상의 비밀에 관한 것임을 신고한 때에는 그 소속공무소 또는 당해 감독관공서의 승낙 없이는 압수하지 못한다.

② 여자의 신체에 대하여 수색할 때에는 성년의 여자를 참여하게 하여야 한다.

③ 압수·수색영장은 집행하기 전에 반드시 상대방에게 제시하여야 한다.

④ 피의자신문조서, 진술조서, 검증조서, 실황조사서에 압수의 취지를 기재하여 압수조서에 갈음할 수 있다.

⑤ 소유권 포기의 의사표시가 있을 경우에는 소유권 포기서를 수령한다.

⑥ 압수물의 위탁보관은 검사의 지휘를 받을 필요가 없다.

5) 영장에 의하지 아니한 압수·수색, 검증

(1) 체포현장에서는 영장 없이도 압수·수색, 검증할 수 있다.

(2) 긴급체포대상자가 소지, 소유 또는 보관하는 물건에 대하여는 구속영장 청구기간 중에 한하여 영장 없이 압수·수색, 검증할 수 있다. 다만 사후에 구속영장을 발부받지 못한 경우에 즉시 환부해야 하며, 압수를 계속할 필요성이 있는 경우에는 압

수수색영장을 발부 받아야 한다.

(3) 범행중 또는 범행 직후의 범죄장소에는 긴급을 요하여 법관의 영장을 발부 받을 수 없을 때에는 영장없이 압수·수색, 검증할 수 있다. 이 경우 피의자가 체포되었을 경우를 요하지 않는다. 다만 사후에 즉시 압수수색영장을 발부 받아야 한다.

(4) 방 법

① (압수조서)작성, 압수물이 없을 경우에도 압수물이 없다는 취지의 수색증명서를 발급해야 한다. 압수물이 있을 경우 압수목록을 기록한 압수증명서를 교부해야 한다.

② 참 여: 여자 신체 수색시에는 성년의 여자 참여, 여자 신체검사의 경우는 의사 또는 성년의 여자 참여자가 필요하다.

6) 검 증

(1) 의 의

사람, 장소, 물건의 성질·형상을 오관(五官)의 작용에 의하여 인식하는 강제처분이다.

(2) 방 법

방법과 대상에 제한이 없고, 신체의 검사, 시체의 해부, 분묘의 발굴, 물건의 파괴 기타 필요한 처분을 할 수 있다.

7) 증인신문 청구

중요한 참고인이 출석 불응 또는 진술 거부할 때

(1) 청구권자: 검사

(2) 청구시기: 제1회 공판기일 전

8) 증거보전청구

공판정에서 정상적으로 증거 조사할 때까지 여유가 없는 경우 긴요하다.

9) 수사상 감정유치

피의자의 정신 또는 신체감정(감정 유치장에 의함)

10) 통신제한조치

(1) 개요

① 통신에 대한 검열과 감청을 말하며, 기간은 2개월이고 연장 가능하다. 국가안보를 위한 통신제한조치의 기간은 4개월이고, 연장 가능하다.

② 통신제한조치허가서는 사법경찰관이 검사에게 신청하고 검사가 관할법원에 청구하여야 한다.

③ 선통신제한조치 후영장의 경우에는 36시간 이내에 허가를 받아야 한다.

④ 사기죄 등에 대하여는 통신제한 조치를 할 수 없다.

11) 참고인에 대한 증인신문 청구

수사단계 또는 제1회 공판기일 전에 범죄수사에 없어서는 안 될 사실을 안다고 명백히 인정되는 자가 참고인으로 출석을 또는 진술을 거부할 경우에 검사는 판사에 대하여 증인신문을 청구할 수 있다.

제3절 임의수사와 강제수사의 구별

학습목표	① 임의수사와 강제수사를 이해할 수 있다. ② 수사의 개념을 바탕으로 임의수사와 강제수사를 구별할 수 있다. ③ 임의수사와 강제수사의 종류에 대해 이해할 수 있다.
학습목차	① 대인적 수사와 대물적 수사 ② 피의자 신문조서절차 작성 ③ 체포의 절차와 구속기간의 계산 ④ 압수수색절차와 예외 ⑤ 통신제한조치

1. 대인(對人)적 수사와 대물(對物)적 수사

1) 대인적 수사 - 체포의 종류, 절차 및 비교

구분	체포			구속
	체포(영장에의한)	긴급체포	현행범체포	(사전구속영장)
요건	• 혐의상당성 • 체포사유 (출석불응, 불응우려) • 경미범죄 (주거無, 출석불응)	• 장기3년 이상 • 긴급성 • 필요성 (도주 및 증거인멸 염려)	• (준)현행범 • 범인명백성 • 경미범죄 (주거불분명)	• 혐의상당성 • 주거부정 • 도망 • 도망 및 증거인멸염려 • 경미범죄(주거無)
체포구속절차	• 체포영장제시 • 체포이유등고지 • 긴급집행	• 체포이유등 고지 • 긴급체포서작성 • 긴급체포승인 요청(12h)	• 체포이유등 고지 • 현행범인체포서 또는 인수서 작성	• 구속영장제시 • 구속이유등고지 • 긴급집행
체포구속후절차	• 체포통지(24h) • 48시간 내 구속영장청구 • 피의자석방 (검사지휘) • 석방보고	• 체포통지(24h) • 48시간 내 구속영장 청구 • 피의자 석방 (검사지휘 ×) • 석방보고	• 체포통지(24h) • 48시간 내 구속영장청구 • 피의자석방 (검사지휘 ×) • 석방보고	• 구속의통지 (24h) • 피의자석방 (검사승인) • 석방보고
기간	48시간	48시간	48시간	경찰10일/검찰10일 (10일 내 연장가능)

2) 대물(對物)적 수사 - 대물적 강제처분에 대한 형사소송법의 규정

(1) 제106조(압수)

법원은 필요한 때에는 피고사건과 관계가 있다고 인정할 수 있는 것에 한정하여 증거물 또는 몰수할 것으로 사료하는 물건을 압수할 수 있다.

(2) 제109조(수색)

법원은 필요한 때에는 피고사건과 관계가 있다고 인정할 수 있는 것에 한정하여 피고인의 신체, 물건 또는 주거, 그 밖의 장소를 수색할 수 있다.

(3) 제110조(군사상 비밀과 압수)

군사상 비밀을 요하는 장소는 그 책임자의 승낙없이는 압수 또는 수색할 수 없다.

(4) 제115조(영장의 집행)

① 압수·수색영장은 검사의 지휘에 의하여 사법경찰관리가 집행한다. 단, 필요한 경우에는 재판장은 법원사무관등에게 그 집행을 명할 수 있다.

② 제83조의 규정은 압수·수색영장의 집행에 준용한다.

(5) 제118조(영장의 제시)

① 경찰관은 영장에 따라 압수·수색을 할 때에는 해당 처분을 받는 자에게 반드시 영장을 제시하여야 한다.

② 전항의 경우에 부득이한 사유로 해당 처분을 받는 자에게 영장을 제시할 수 없을 때에는 참여인에게 이를 제시하여야 한다.

(6) 제121조(영장집행과 당사자의 참여)

검사, 피고인 또는 변호인은 압수, 수색영장의 집행에 참여할 수 있다.

(7) 제123조(영장의 집행과 책임자의 참여)

① 공무소, 군사용의 항공기 또는 선차 내에서 압수·수색영장을 집행할 때에는 그 책임자에게 참여할 것을 통지하여야 한다.

② 전항에 규정한 이외의 타인의 주거, 간수자 있는 가옥, 건조물, 항공기 또는 선차 내에서 압수·수색영장을 집행할 때에는 주거자, 간수자 또는 이에 준하는 자를 참여하게 하여야 한다.

③ 전항에 규정된 자를 참여하게 하지 못할 때에는 이웃사람 또는 시·도 또는 시·군·구 소속 공무원을 참여하게 하여야 한다.

(8) 제124조(여자의 수색과 참여)

여자의 신체에 대하여 수색할 때에는 성년의 여자를 참여하게 하여야 한다.

(9) 제125조(야간집행의 제한)

일출 전, 일몰 후에는 압수, 수색영장에 야간집행을 할 수 있는 기재가 없으면 그 영장을 집행하기 위하여 타인의 주거, 간수자 있는 가옥, 건조물, 항공기 또는 선차에 들어가지 못한다.

(10) 제126조(야간집행제한의 예외)

다음 장소에서는 압수, 수색영장을 집행함에는 전조의 제한을 받지 아니한다.

1. 도박 기타 풍속을 해하는 행위에 상용된다고 인정하는 장소

2. 여관, 음식점 기타 야간에 공중이 출입할 수 있는 장소.(단, 공개한 시간 내에 한한다.)

(11) 압수·수색의 제한

① 우편물: 피고인이 발송한 것 또는 피고인에 대하여 발송된 것에 한함(제107조)

② 군사상 비밀: 책임자 승낙필요(제110조)

③ 공무상 비밀: 직무상 비밀에 속한 것임을 신고한 때에는 해당 공무소의 승낙필요(제111조)

④ 업무상 비밀: 변호사 등 일정한 직에 있는 자가 위탁 받아 보관하는 물건으로 타인의 비밀에 속한 것일 때는 압수 거부 가능.(제112조 예외) 본인승낙 또는 공익상 필요시

※ 검증(형사소송법)

의의	사람, 장소, 물건의 성질·형상을 오관의 작용에 의하여 인식하는 강제처분 ○ 법원의 검증은 증거조사의 일종으로 영장이 요구되지 않는다. ○ 수사기관의 검증은 강제처분으로 원칙적으로 영장이 요구된다.	
절차	사전영장	영장신청 ⇨ 영장청구 ⇨ 영장발부 ⇨ 집행(제215조)
	사후영장	범행중 또는 범행직후의 범죄장소에서의 검증(216조 ③항)
	영장없이 행하는 검증	1. 체포현장에서의 검증(216조 1항 2호) 2. 긴급체포시의 검증(217조) - 영장청구 시간 내 3. 변사자의 검시로 범죄의 혐의를 인정하고 긴급을 요할 때 (222조 ②항) - 검사지휘
처분	검증을 함에는 신체의 검사, 시체의 해부, 분묘의 발굴, 물건의 파괴 기타 필요한 처분을 할 수 있다.(제219조, 제140조)	
사후절차	검증조서 작성	

※ 참고 - 비교

	증거보전	증인신문청구
청구권자	피의자, 피고인, 변호인, 검사	검사
실질적 요건	증거보전의 필요성	참고인의 출석·진술거부
내용	압수·수색·검증, 증인신문, 감정 (× - 피고인신문)	증인신문
참여권 보장	당사자 참여권 보장	당사자 참여권 철저히 보장

당사자의 열람·등사권	인정	부정
불복	기각에 3일이내 항고 可	불복 불가
결 과	증거보전을 행한 판사소속법원에서 보관 (× - 검사)	검사에게 지체 없이 송부
공통점	① 증거능력 당연히 인정 ② 청구시기 - 제1회 공판기일 전 (내사단계는 안 됨) ③ 청구 방식 - 서면으로 청구, 소명 ④ 당사자의 참여권 인정 ⑤ 판사의 권한 - 수소법원 또는 재판장과 동일한 권한	

2. 피의자 신문조서 작성절차

1) 피의자신문 절차

출석요구 ⇨ 사법경찰관리 참여 ⇨ 인정신문 ⇨ 진술거부권 고지 ⇨ 신문 ⇨ 피의자신문조서작성 완료

(1) 입건된 피의자에 대하여는 원칙적으로 피의자신문을 하여야 한다.(형사소송법, 제200조)(신문조서열람으로 대신할 수 없다.)

(2) 피의자신문시에는 진술거부권을 고지해야 한다.(형사소송법 제244조의 3)

   (피의자신문전 - 적극적, 명시적고지, 불고지시에는 증거능력 없음)

(3) 변호인의 참여권이 인정된다.(개정 형사소송법 제243조의 2)

※ 신뢰관계자 동석(형사소송법 제244조의 5)

   ① 신체적 또는 정신적 장애

   ② 연령, 성별, 국적 등 고려

※ 영상녹화: 피의자진술영상녹화가능(미리 영상녹화사실고지)

※ 영상녹화(형사소송법 제244조의 2)

   피의자의 진술은 영상녹화할 수 있다.

3. 체포의 절차

1) 의 의: 상대방 의사 불문하고 강제력으로 수사(법률에 근거, 영장주의 원칙)

2) 체포·구속적부심사

① 체포 또는 구속된 피의자, 그 피의자의 변호인·법정대리인·배우자·직계존속·형제자매·호주·가족 및 동거인 또는 고용주이며, 체포·구속적부심사에 의해 석방된 피의자는 도망하거나 죄증을 인멸한 경우를 제외하고는 동일한 범죄사실에 관하여 재차 체포·구속하지 못한다.
② 긴급체포 또는 현행범인 체포된 자도 체포적부심사를 청구할 수 있다.
③ 법원이 수사관계서류와 증거물을 접수한 때로부터 적부심사 결정 후 검찰청에 반환할 때까지의 기간은 검사 및 사법경찰관의 구속기간에 산입하지 아니한다.

3) 현행범인 체포

요 건	현행범인	범죄의 실행중이거나 실행직후인 자 ※ '범죄의 실행 중' 이라 함은 실행행위에 착수하여 아직 종료하지 못한 상태에 있는 경우를 말하며 ※ '범죄의 실행 후' 라 함은 실행행위를 끝마치는 순간 또는 이에 아주 밀접한 시간적 단계를 의미한다.
	준현행범인	① 범인으로 호창되어 추적되고 있는 자 ② 장물이나 범죄에 사용하였다고 인정함에 충분한 흉기 기타의 물건을 소지하고 있는 자 ③ 누구임을 물음에 대하여 도망하려 하는 자 ④ 신체 또는 의복류에 현저한 증적이 있는 자
	경미한 범죄의 특칙	① 다액 50만원 이하의 벌금(5만원 이상), 구류(1~30일 미만의 유치장 등의 신체 자유형), 과료(2천원~5만원) ② 피의자가 일정한 주거 없는 경우 　정당한 이유 없이 출석에 <u>불응하는</u> 경우에 한하여 체포할 수 있다. 　정당한 이유 없이 출석에 <u>불응할 우려</u>로는 체포할 수 없다
절 차		① 누구든지 영장없이 체포가능 ② 경찰관 체포시 　범죄사실등 고지→현행범인 체포서 작성→ 현행범인 체포원부 기재 → 체포통지 → 구속영장 신청 또는 석방

4) 체포영장에 의한 체포

절차	체포영장신청서 작성 → 체포영장신청부에 기재 → 체포영장 신청(검사에게) → 체포영장 청구(법관에게) → 체포영장 발부(법관이) → 체포영장 제시 및 집행 → 범죄사실 고지 → 체포영장 집행원부 기재 → 체포통지(24시간 이내) → 구속영장 신청 또는 석방

집행	① 검사의 지휘에 의해 사법경찰관리가 집행
	② 체포영장을 소지하고 있지 않아서 급속을 요하는 경우
	   피의자에게 범죄사실의 요지와 체포영장이 발부되었음을 고지하고 집행할 수 있고, 집행 완료 후에는 신속히 체포영장을 제시하여야 한다.
	③ 미란다 원칙
	   체포의 이유와 범죄사실의 요지, 변호인 선임권 있음을 고지하고 변명의 기회를 준 후 확인서를 받아 수사기록에 편철
	④ 인치 · 구금
	⑤ 체포통지
	   24시간 이내에 서면으로 통지

5) 긴급체포 절차

긴급체포 → 범죄사실 등 고지 → 긴급체포서 작성 → 긴급체포원부 기재 → 긴급체포통지 → 긴급체포승인 건의 → 구속영장 신청 또는 석방

※ 사후절차

① 긴급체포서 작성, 12시간 이내 긴급체포승인 건의. 승인 거부시는 즉시 석방
② 48시간 이내 구속영장 청구 ×, 청구 후 발부받지 못한 때 즉시 석방

6) 피의자 구속(사전영장, 체포영장 X)

(1) 요건

① 죄를 범하였다고 의심할 만한 상당한 이유가 있고, 일정한 주거가 없거나 증거를 인멸한 염려가 있는 때 또는 도망이나 도망의 염려가 있어야 한다.
② 다액 50만원 이하의 벌금, 구류 또는 과료에 해당하는 사건에 관하여는 일정한 주거가 없을 때에만 구속할 수 있다.(경미사건의 특칙)

(2) 구속영장의 집행

① 사법경찰관은 체포 후 36시간 이내에 검사에게 구속영장을 신청하여야 한다. 체포

한 피의자를 구속하는 경우에는 체포영장을 청구하는 경우보다 더욱 구체적인 증거 자료를 제출하여야 한다

② 사법경찰관은 피의자를 구속(또는 체포)한 날로부터 10일 이내에 수사를 종결하고 사건과 피의자를 검찰로 송치하여야 한다.

③ 구속전 피의자신문, 체포·구속적부심사를 위해 법원이 수사관계 서류 및 증거물을 접수한 날로부터 검찰청에 반환한 날까지의 기간과 감정유치장에 의한 유치기간은 수사기관의 구속기간에는 산입되지 않는다.

④ 구속되었다가 석방된 피의자는 다른 중요한 증거를 발견한 경우를 제외하고는 동일 범죄사실로 다시 구속하지 못한다.

(3) 구속전 피의자심문(구속영장실질심사제도)

① 영장에 의한 체포, 긴급체포 또는 현행범인의 체포된 피의자에 대하여 구속영장을 청구받은 판사는 지체없이 피의자를 심문, 특별한 사정이 없는 한 구속영장이 청구된 날의 다음날까지 심문한다.

② 미체포 피의자에 대하여 구속영장을 청구받은 판사는 피의자가 죄를 범하였다고 의심할 만한 사유가 있는 경우에 구인을 위한 구속영장을 발부하여 피의자를 구인한 후 심문한다.(다만, 피의자가 도망 등의 사유로 심문할 수 없는 경우는 제외)

③ 피의자심문을 하는 경우 법원이 구속영장청구서 수사관계서류 및 증거물을 접수한 날부터 구속영장을 발부하여 검찰청에 반환한 날까지의 기간은 검사 및 사법경찰관의 구속기간의 적용에 있어서는 그 구속 기간에 불산입한다.

④ 검사와 변호인은 심문기일에 출석하여 의견진술 가능하다.

⑤ 심문할 피의자에게 변호인이 없는 때에는 지방법원판사는 직권으로 변호인을 선정한다.

(4) 구속절차

구속영장 신청서 및 신청부 작성 ⇨ 영장신청 ⇨ 영장청구 ⇨ (구인을 위한 구속영장 발부 ⇨ 영장실질심사) ⇨ 구금을 위한 구속영장 발부 ⇨ 영장제시 및 발부 ⇨ 범죄사실 등 고지 ⇨ 구속영장집행원부 기재 ⇨ 구속 통지(24시간 이내)

4. 구속기간 계산

적용법률	경찰 (202조 사법경찰관의 구속기관)	검사 (203조 검사의 구속기간, 205조 구속기간의 연장)	최장기간
원칙: 형사소송법	10일(연장 ×)	10일 연장 O 1회 10일	★30일
예외 국가보안법 제19조(구속기간의 연장)	10일(연장 O) 1회 10일	10일 연장 O 2회 각각 10일씩	★50일

※ 피고인구속기간: 2개월

※ 구속기간: 최장 18개월 30일
   1심 = 2월(구속에서 재판) + 2차연장(2월×2) = 6월
   2, 3심 = 2차연장(2월×2) + 부득이한경우 3차연장(2월) = 12월
   6월 + 12월 + 30일(10 + 10×2) = 18개월 30일

※ 산입되지 않는 기간
   1. 도망중인 기간(도주일, 재체포일은 산입)
   2. 보석기간, 구속정지기간(석방일, 재구금일은 산입)
   3. 감정유치기간
   4. 심사기간(영장실질심사기간, 구속적부심심사기간)
      즉 서류증거물의 법원제출일 ~ 검찰청 반환시
   5. 공판절차 정지기간(기피신청, 공소장변경, 심신상실, 질병)
      → 관할이전 · 지정신청(×)
   6. 공소제기전의 체포, 구인, 구금기간

5. 압수수색절차와 영장주의 예외

(1) 청구권자: 검사, 피고인, 피의자, 변호인

(2) 청구시기: 제1회 공판기일 전

(3) 원칙: 영장에 의한 압수 수색

$$\downarrow$$

압수 수색 영장 신청서 작성

$$\downarrow$$

압수 수색 영장 신청부 작성

$$\downarrow$$

신청(검사)

$$\downarrow$$

청구(법원): 야간집행시 표시

$$\downarrow$$

발부

$$\downarrow$$

반드시 사전 제시 및 집행

(4) 예외: 영장 없는 압수, 수색

영장주의의 예외	사후 압수 · 수색영장 여부
① 유류물 · 임의제출물의 압수(제218조)	사후 영장 불요
② 구속 · 체포목적 피의자 수사(수색)	사후 영장 불요
③ 체포현장(체포영장, 긴급체포, 현행범)에서의 압수 · 수색 · 검증	구속영장 기각시 압수물은 즉시 환부, 계속 필요시 별도 압수 · 수색영장 발부
④ 긴급체포시의 압수 · 수색 · 검증	상동
⑤ 범행 중 또는 범행 직후의 범죄장소에서의 압수 · 수색 · 검증	<u>사후 영장</u> 필요, 사후에 압수 · 수색영장을 발부 받지 못하면 즉시 환부
⑥ 피고인 구속현장에서 압수 · 수색 · 검증	

(5) 별건증거물 발견시

　　① 원칙: 임의 제출물의 압수 or 별도의 압수 수색영장필요

　　② 예외: 별건의 증거물이 금제품(= 총포, 도검, 화약, 마약류)

→ 마약류관리에 관한법률 위반의 현행범 체포

→ 체포현장에서의 압수 수색 검증(영장 불요)

6. 통신제한조치의 의의와 내용

(1) 의의

통신비밀보호법에서는 통신 및 대화의 비밀과 자유에 대한 제한은 그 대상을 한정하고 엄격한 법적 절차를 거치도록 함으로써 통신비밀을 보호하고 통신의 자유를 신장함을 목적으로 한다. 통신제한조치의 경우는 통신 비밀보호법 제5조에 규정되어 있는 범죄에 대해서만 할 수 있으나, 통신사실 확인자료 제공요청은 수사 또는 형의 집행을 위하여 필요한 경우에 대하여 요청가능하다(통신비밀보호법 제13조 제1항).

사법경찰관은 통신제한조치를 집행한 사건에 관하여 검사로부터 공소를 제기하거나 제기하지 아니하는 처분(기소중지 결정을 제외한다)의 통보를 받거나 내사사건에 관하여 입건하지 아니하는 처분을 한 때에는 그 날부터 30일 이내 우편물 검열의 경우에는 그 대상자에게, 감청의 경우에는 그 대상이 된 전기통신의 가입자에게 통신제한조치를 집행한 사실과 집행기관 및 그 기간 등을 서면으로 통지하여야 한다(동법 제9조의2 제2항). 또한 사법경찰관(군사법경찰관 포함)은 제5조(범죄수사를 위한 통신제한조치의 허가요건) 제1항의 요건이 구비된 경우에는 검사에 대하여 각 피의자별 또는 각 피내사자별로 통신제한조치에 대한 허가를 신청하고, 검사는 법원에 대하여 그 허가를 청구할 수 있다(동법 제6조 제2항).

검사, 사법경찰관 또는 정보수사기관의 장은 긴급통신제한조치의 집행착수 후 지체없이 법원에 허가청구를 하여야 하며, 그 긴급통신제한조치를 한 때부터 36시간 이내에 법원의 허가를 받지 못한 때에는 즉시 이를 중지하여야 한다(동법 제8조 제2항). 사법경찰관은 검사로부터 공소를 제기하거나 제기하지 아니하는 처분의 통보를 받은 때에는 그날부터 30일 이내에 우편물 검열의 경우에는 그 대상자에게, 감청의 경우에는 그 대상이 된 전기통신의 가입자에게 통신제한조치를 집행한 사실과 집행기관 및 그 기간 등을 서면으로 통지하여야 한다(동법 제9조의2 제2항). 전기통신사업자는 사법경찰관에게 통신사실 확인 자료를 제공한 때에는 당해 통신사실 확인 자료제공사실등 필요한 사항을 기재한 대장과 통신사실확인자료제공요청서 등 관련자료를 통신사실확인자료를 제공한 날부터 7년간 비치하여야 한다.

(2) 통신사실확인자료(동법 제2조 제11호)

'통신사실확인자료'라 함은 가입자의 전기통신일시, 전기통신개시 · 종료시간, 발 · 착신

통신번호 등 상대방의 가입자번호, 사용도수, 컴퓨터 통신 또는 인터넷의 사용자가 전기통신의 역무를 이용한 사실에 관한 컴퓨터통신 또는 인터넷의 로그기록자료, 정보통신망에 접속된 정보통신기기의 위치를 확인할 수 있는 발신기지국의 위치추적자료, 컴퓨터 통신 또는 인터넷의 사용자가 정보통신망에 접속하기 위하여 사용하는 정보통신기기의 위치를 확인할 수 있는 접속지의 추적자료를 말한다.

(3) 통신제한조치 대상범죄 아닌 것(통신비밀보호법 제5조 제1항)

직무유기, 존속협박, 관세법위반, 사기, 주거침입, 외국국기·국장모독죄, (특수)공무집행방해, 자동차등 불법사용죄, 자동차관리법위반, 폭행치사, 상해치사, 폭력행위등 처벌에 관한 법률 위반(상해, 폭행), 가혹행위죄, 장물취득 등

(4) 통신제한조치허가요건

통신제한조치의 기간은 2월을 초과하지 못하고, 그 기간 중 통신제한조치의 목적이 달성되었을 경우에는 즉시 종료하여야 한다. 허가를 받은 후 체신관서 기타 관련기관 등에 그 집행을 위탁할 수 있다. 긴급통신제한조치의 집행착수 후 지체없이 법원에 허가청구를 하여야 하며, 그 긴급통신제한조치를 한 때부터 36시간 이내에 법원의 허가를 받지 못한 때에는 즉시 이를 중지하여야 한다(통신비밀보호법 제8조 제2항). 즉, 긴급을 요하는 경우는 통신제한조치를 한 후 36시간 이내에 법원에 허가신청을 하는 것이 아니라 법원의 허가를 받아야 하며, 허가를 받지 못한 경우 즉시 중단해야 한다.

(5) 국가안보 위한 통신제한조치(정보수사기관의장)

정보수사기관의 장은 국가안전보장에 위해를 방지하기 위하여 이에 관한 정보수집이 필요한 때에는 통신의 일방 또는 쌍방당사자가 내국인인 때에는 고등법원 수석부장판사의 허가를 받고, 대한민국에 적대하는 국가, 반국가활동의 혐의가 있는 외국의 기관단체와 외국인, 대한민국의 통치권이 사실상 미치지 아니하는 한반도 내의 집단이나 외국에 소재하는 그 산하단체의 구성원의 통신인 때에는 서면으로 대통령의 승인을 얻어 통신제한조치를 할 수 있다(통신비밀보호법 제7조 제1항). 이 규정에 의한 감청의 기간은 4월을 초과하지 못한다(동조 제2항).

(6) 벌칙(제16조, 제17조)

① 1년 이상 10년 이하의 징역과 5년 이하의 자격정지
　　㉠ 우편물의 검열 또는 전기통신의 감청을 하거나 공개되지 아니한 타인간의 대화를 녹음 또는 청취한 자
　　㉡ 지득한 통신 또는 대화의 내용을 공개하거나 누설한 자

② 10년 이하의 징역

     ⊙ 통신제한조치허가서 또는 긴급감청서 등의 표지의 사본을 교부하지 아니하고 통신제한조치의 집행을 위탁하거나 집행에 관한 협조를 요청한 자 또는 통신제한조치허가서 또는 긴급감청서 등의 표지의 사본을 교부받지 아니하고 위탁받은 통신제한조치를 집행하거나 통신제한조치의 집행에 관하여 협조한 자

③ 5년 이하의 징역 또는 3천만원 이하의 벌금

     ⊙ 통신제한조치허가서 또는 긴급감청서등의 표지의 사본을 보존하지 아니한 자

     ⓛ 통신제한조치 집행대장을 비치하지 아니한 자

     ⓒ 통신제한조치허가서 또는 긴급감청서 등에 기재된 통신제한조치 대상자의 전화번호 등을 확인하지 아니하거나 전기통신에 사용되는 비밀번호를 누설한 자

     ⓔ 인가를 받지 아니하고 감청설비를 제조·수입·판매·배포·소지·사용하거나 이를 위한 광고를 한 자

     ⓜ 규정에 위반하여 감청설비의 인가대장을 작성 또는 비치하지 아니한 자

     ⓗ 등록을 하지 아니하거나 거짓으로 등록하여 불법감청설비탐지업을 한 자

     ⓢ 통신사실확인자료를 제공받거나 제공한 자

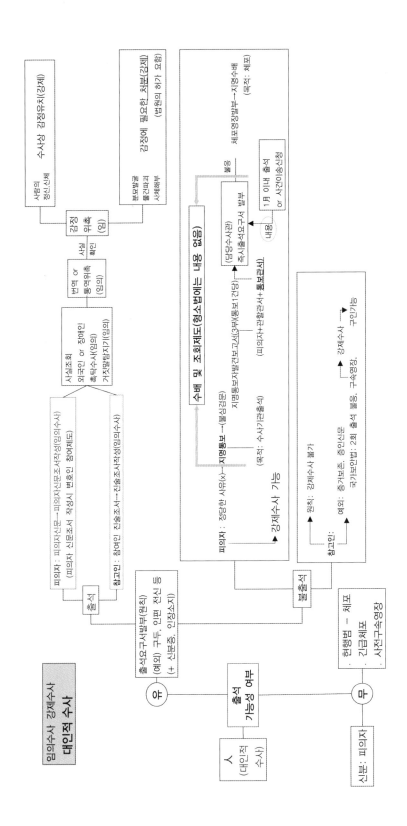

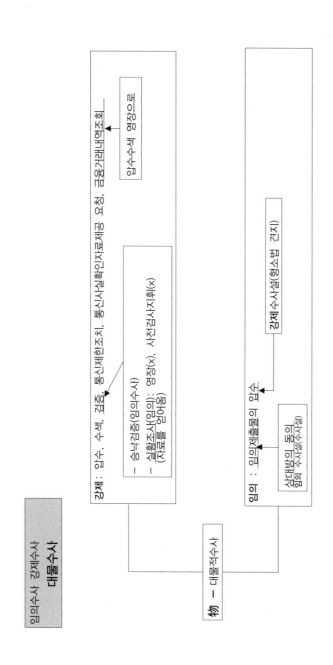

임의수사 강제수사
대물수사

物 ─ 대물적수사

강제 : 압수, 수색, 검증, 통신제한조치, 통신사실확인자료제공 요청, 금융거래내역조회

- 승낙검증(임의수사)
- 실황조사(임의) : 영장(x), 사전검사지휘(x)
  (자료를 얻어옴)

압수수색 영장으로

임의 : 임의제출물의 압수

상대방의 동의
임의 수사설(수사상)

강제 수사설(형소법 견지)

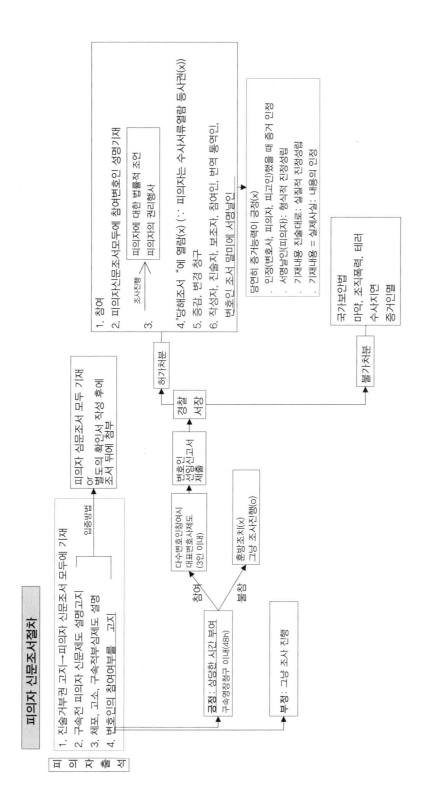

피의자 신문조서절차

피의자출석

1. 진술거부권 고지→피의자 신문조서 신문조서 모두에 기재
2. 구속전 피의자 신문제도 설명고지
3. 체포, 고소, 구속적부심제도 설명
4. 변호인의 참여여부를 고지

임증방법

피의자 심문조서 모두 기재 or 피의자 신문조서 모두에 기재

피의자 참여확인서 작성 후에 별도의 참여확인서 작성 후에 조서 뒤에 첨부

참여 → 다수변호인참여시 대표변호사제도 (3인 이내) → 변호인 선임신고서 제출

불참 → 훈방조치(x) 그냥 조사진행(o)

원칙: 상당한 시간 부여 구속영장청구 이내(48h)

부정: 그냥 조사 진행

경찰 서장

허가처분 →

불가처분 →

조사진행 → 1. 참여
2. 피의자신문조서 모두에 참여변호인 성명기재
3. [피의자에 대한 별도적 조언] [피의자의 권리행사]
4. "당해조서 "에 열람(x) (∵ 피의자는 수사서류열람 등사진(x))
5. 증감, 변경 청구
6. 작성자, 진술자, 보조자, 참여인, 참여인, 변여 통역인, 변호인 조서 끝미에 서명날인

당연히 증거능력이 긍정(x)
. 인정(변호사, 피의자, 피고인)했을 때 증거 인정
  . 서명날인(피의자): 형식적 진정성립
  . 기재내용 진술대로 : 실질적 진정성립
  . 기재내용 = 실제사실 : 내용의 인정

국가보안법
마약, 조직폭력, 테러
수사지연
증거인멸

체포의 분류

원칙 : 체포영장에 의한 체포 → 모든 범죄가 대상 (○)

요건 : 1. 상당성(범죄와 관련)
　　　 2. 정당한 이유(x)

3. 경미사건 특칙 : 주거부정으로 출석불응 (우려) (x) ★★★

　피의자가 피해자와 합의 명목으로 수차 출석불응
　　→ 정상(x)(횟수에 문제됨) → 정상 (○)

　　명목
　　횟수

다액 50만원 이하
벌금. 구류. 과료
경미사건이라도 조건이나 특칙에 의거 영장발부 가능

★경범죄처벌법(불응x) 불응
★도로교통법상 원동기 장치 자전거무면허운전

객관적 협의
　→ 부조측정을 깨트릴 정도
　→ 구속영장발부와 정도가 동일

절차
체포영장신청서 작성 → 체포영장신청부 기재 → 신청(검사에게) → 청구(법원 에게) → 발부 → 제시 및 집행 (반드시 시제시)(x)

→ 체포전 피의자 신문제도 (x)

→ 범죄사실 등 고지(=미란다 원칙: 체포의 이유. 목적. 범죄사실 고지.
　고지, 변명의 기회) (진술거부권 고지)(x. 변명내용 기록)(x)

→ 확인서(미란다 준수원칙 확인: ∴공판단계에서 서명날인.
　원칙: 체포전 피의자의 서명날인.
　예외: (서명 거부시)거부사유서상기재, 체포한 경찰관이 대신 서명날인 작성　|경찰서에서도 서명날인 가능|

→ 피의자 체포보고서 작성(경찰서) 후

→ 체포영장집행(원)부에 기재

→ 체포통지: 체포한 때로부터 24h 이내 반드시 서면 발송
　→ 수배자서
　예외: 타지도 관내 검거시 검거관서, 변호인에게(원칙), 가족에게 통지

→ 구속절차

★　체포 → 영장발부사실 고지 → 미란다원칙 → 확인서
　　　→ 영장 (정본) 원본 제시(사본제시 x) → 체포 보고서 작성

예외: 현행범 : 경미범 ── 광의(체포영장불요)

1. 협의의 현행범
　1) 실행중: 실행착수행위 미완료 ⇒ 미수범 처벌규정 필요
　2) 실행직후: 실행착수행위 완료 + 결과 발생 불문

2. 준 현행범인
　1) 호칭　　2)종적　　3) 흉기　　4) 도망

3. 경미 사건 특칙 : 주거불명
　1) 명백한 현사 미성년(x)　2) 친족상도례(x)
　3) 자료행위(x)　　　　　　4) 경문검색 불응자(x)

착수미수(중도포기)
실행미수(결과없음)
종지미수
(스스로 결과발생 방지)
불능미수(기타)

절차
1. 사인이 체포한 경우
→ 경찰관에게 인계(동행요구(임의)절차)
→ 현행범인 인수서 작성 (체포 보고서 기재), 인수한 경찰관이 작성
→ 현행범인진행(원)부 기재
→ 체포통지
→ 구속절차

2. 경찰관이 체포한 경우
→ 미란다 원칙
→ 확인서
→ 현행범인 체포서 작성 (체포서 기재), 인수(체포)한 경찰관이 작성
→ 현행범인진행(원)부 기재
→ 체포통지
→ 구속절차

체포의 분류

예외: 긴급체포(체포영장 불요)

요건:
1. 사형, 무기, 장기 3년 이상의 징역 or 금고 → 3년 이하의 징역은 긴급체포의 대상이 됨
2. 증거인멸우려
3. 도망, 도망우려
4. 경미사건특칙(x) ▸ 진한 글씨는 긴급체포 대상임[!]

★1) 절도죄, 점유이탈물 횡령죄   2) 공문서 부정행사죄, 사문서부정 행사죄
★3) 실화죄, 현주건물 방화죄 → 건조물
★4) 도박죄, 상습도박죄, 도박개장   5) 점물알선 취득죄, 업무상과실장물 취득죄
6) 과실치상죄, 업무상과실치사상죄   7) 물동이 낙태죄(임신녀 동의 없이)
8) 식품 위생법 제77조 위반   9) 도로교통법상 무면허운전
10) 성폭력범죄 특별법   11) 허위사실유포 명예훼손, **횡령**
(1) 업무상 위력에 의한 추행
(2) 피구금자에의한 추행
(3) 장애인에 대한 교육시설 음란죄
(4) 통신매체 이용 음란죄
(5) 공중 밀집장소에서의 추행죄
(6) 카메라등 이용 촬영죄

절차: (이론)
1. 긴급체포
→ 미란다원칙 고지
→ 확인서
→ 긴급체포서 작성(즉시, 현소변상 작성권자 : 검사 or 사법경찰관, 체포 보고서 일종)
→ 긴급체포진행(원부 기재)
→ 체포 통지
→ 긴급체포 승인 건의(검사에게 서면, 모사전송 가능, 원칙: 12h이내,
   예외 24h (타시도 관내 검거시)

2. 실무(기소중지 또는 지명수배)
12h 이내 긴급체포 승인 건의
→ 24h 이내 체포 통지 → 피의자 조사
→ 36h 이내 검사 에게 신청인도 지휘 → 소재발견 보고서
   (구속영장신청과 같음)

예외(X) 구속영장(사전구속영장)

요건:
1. 상당성
2. 주거부정
3. 증거인멸우려
4. 도망, 도망우려
5. 경미사건 특칙: 주거부정

→ 사전구속영장

= 구인+구금
1. 구속은 반드시 체포를 전제로 한다(x)
→ 신청(검사에게)
→ "법관의 직권" 필요시
→ 구속 전 피의자 신문제도 (영장실질심사)
→ 지시 및 집행(긴급집행)
→ 확인서
→ 구속통지(체포통지)

∴ 사전구속영장
→ 구속영장 신청부 기재
→ 청구 (법관에게)
→ 구금을 위한 구속영장(구인장)
→ 구금을 위한 구속영장
→ 미란다 원칙
→ 구속영장집행(원부 기재

2. 체포를 전제로 한 구속절차
→ 구속영장 신청서 작성
→ 구속영장신청부 기재
→ 신청(검사에게 체포된 때로부터 36h 이내)   대검예규 근거
→ 청구(법관에게 체포된 때로부터 48h 이내)   마감에서
→ "신청"
→ 구속 전 피의자 신문제도
→ 연장발부
→ 지시 및 집행
→ 미란다 원칙

3. 기각 → 피의자 즉시 석방

압수물: 압수물 환수(환부절차 진행)
예외: 별도 압수수색 영장을 발부 받을 경우 그대로 압수할 수 있다.

재체포, 재구속

재체포, 재구속의 제한 ─ 원칙
                         ↑
                        예외

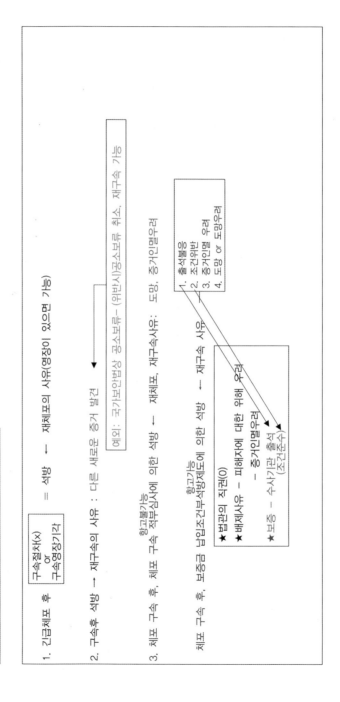

1. 긴급체포 후 [구속절차(x) or 구속영장기간] = 석방 ← 재체포의 사유(영장이 있으면 가능)

2. 구속후 석방 → 재구속의 사유 : 다른 새로운 증거 발견

   예외: 국가보안법상 공소보류 ─ (위반시)공소보류 취소, 재구속 가능

3. 체포 구속 후, 체포 구속 적부심사에 의한 석방 ← 재체포, 재구속사유: 도망, 증거인멸우려
   〈항고불가능〉

   체포 구속 후, 보증금 납입조건부석방제도에 의한 석방 ← 재구속 사유
   〈항고가능〉

   ★ 법관의 직권(O)
   ★ 배제사유 ─ 피해자에 대한 위해 우려
                ─ 증거인멸우려
   ★ 보증 ─ 수사기관 출석 (조건준수)

   1. 출석불응
   2. 조건위반
   3. 증거인멸 우려
   4. 도망 or 도망우려

구속기간 계산

원칙 : 초일산입

↑ 구속기간 불산입사유 – 체포구속적부심
 	
            – 영장실질심사
 	
⇒
	2017.11.24 16:15 "살인 긴급체포" 되었다면
	
	수사서류가 법원에 접수된 날로부터
	ex) 2017.11.25. 09:00 체포적부심
	수사서류가 검찰청에 반환한 날까지 ┐
	ex) 2017.11.27. 09:00 반환 ┘ ── 불산입
	
	결과 : 경찰에서의 구속기간 만료시점 :
	(24, (25,26,27불포함), 28, 29, 30, 1, 2, 3, 4, 5, 6일) 2017.12.6. 24시까지 10일 임
	   1 2 3 4 5 6 7 8 9 10

수사상감정유치(형소법상) "구속집행정지" 로 본다 실질적으로 구속성질 → 미결 구금 일수에는 산입함 형집행 기간에는 포함	

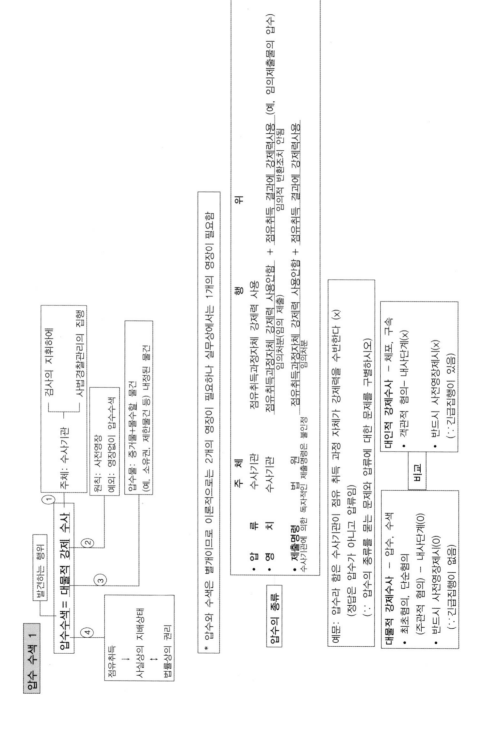

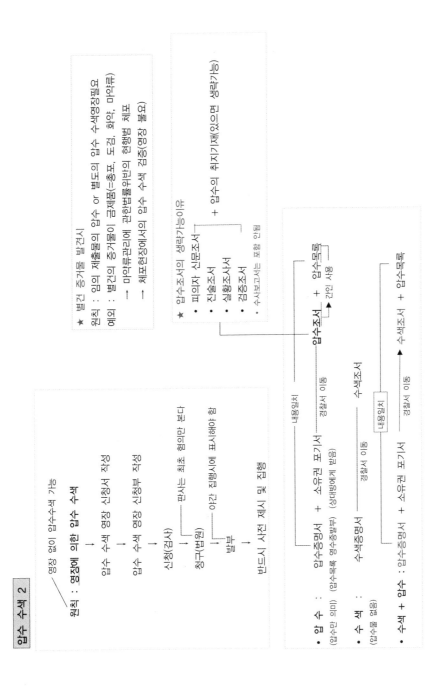

압수 수색 2

원칙 : 영장에 의한 압수 수색

영장 없이 압수수색 가능

압수 수색 영장 신청서 작성
↓
압수 수색 영장 신청부 작성
↓
신청(검사)
↓
청구(법원) ─── 판사는 최초 혐의만 본다
↓
발부 ─── 야간 집행시에 표시해야 함
↓
반드시 사전 제시 및 집행

★ 별건 증거물 발견시
원칙 : 임의 제출물의 압수 or 별도의 압수 수색영장필요
예외 : 별건의 증거물이 금제품(=총포, 도검, 화약, 마약류)
 → 마약류관리에 관한법률위반의 현행범 체포
 → 체포현장에서의 압수 수색 검증(영장 불요)

★ 압수조서의 생략가능이유
• 피의자 신문조서 + 압수의 취지기재(있으면 생략가능)
• 진술조서
• 실황조사서
• 검증조서
* 수사보고서는 포함 안됨

• 압 수 : 압수증명서 + 압수목록
(압수만 의미) (압수목록 영수증부) (상대방에게 받음)
── 경찰서 이동 ──내용일치── 압수조서 + 압수목록
 └ 간인 사용

• 수 색 : 수색증명서
(압수물 없음)
── 경찰서 이동 ──내용일치── 수색조서

• 수색 + 압수 : 압수증명서 + 소유권 포기서
── 경찰서 이동 ──내용일치── 수색조서 + 압수목록

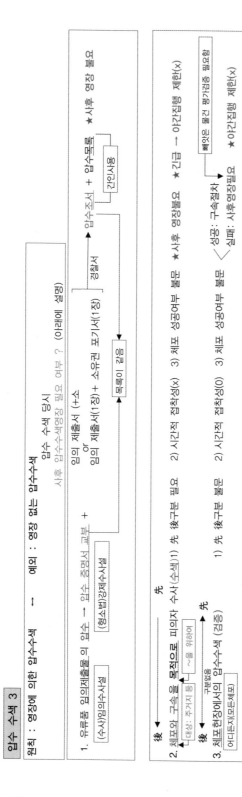
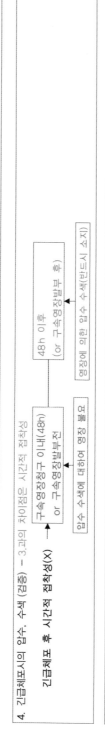

압수 수색 3

원칙 : 영장에 의한 압수수색 ↔ 예외 : 영장 없는 압수수색

압수 수색 당시
사후 압수수색영장 필요 여부 ? (아래에 설명)

1. 유류품 임의제출물의 압수 → 압수 증명서 교부 +
(수사)임의수사설
(형소법)강제수사설

임의 제출서 (+소)
or
임의 제출서(1장) + 소유권 포기서(1장)

경찰서
압수 조서 + 압수목록 ★사후 영장 불요
간인사용
목록이 감음

先

2. 체포와 구속을 목적으로 피의자 수사(수색)1) 先 後구분 필요 2) 시간적 접착성(x) 3) 체포 성공여부 불문 ★사후 영장불요
대상: 주거지 등 ~을 위하여
後 구분없음

3. 체포현장에서의 압수수색 (검증) 1) 先 後구분 불문 2) 시간적 접착성(0) 3) 체포 성공여부 불문
어디든지(모든체포)
先

성공: 구속절차
실패: 사후영장필요
★야간집행 제한(x)

빼앗은 물건 평가검증 필요함
★긴급 → 야간집행 제한(x)

4. 긴급체포시의 압수 수색 (검증) – 3.과의 차이점은 시간적 접착성
긴급체포 후 시간적 접착성(X)
구속영장청구 이내(48h)
or 구속영장발부전
압수 수색에 대하여 영장 불요

구속영장청구 or 구속영장발부 후
48h 이후
(or 구속영장발부 후)
영장에 의한 압수 수색(반드시 소지)

5. 범행중 or 범행직후 범죄현장에서의 압수 수색 (검증) (예. 112신고 출동사례) → 2,3,4는 체포구속을 전제로 하였음
체포 구속이 전제(x) → 체포의 성공여부 불문, 긴급성(0) → 사후 압수수색영장필요 (∵반드시 유류품 정당성 평가요함)

6. 피고인 구속시의 압수수색(검사가 함) → (법관)보고의무, 제출의무(x)

압수 수색 4

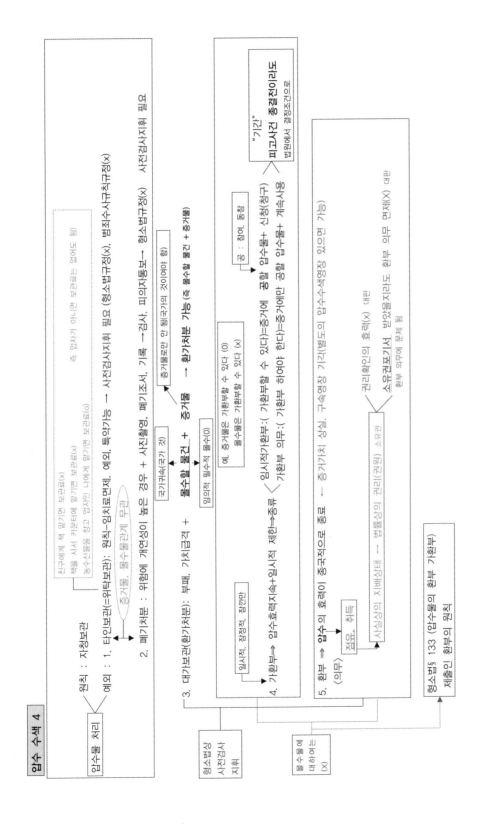

압수물 처리

원칙 : 자청보관

예외 :
- 친구에게 책 맡기면 도란료(x)
- 책을 사서 기운테에 맡기면 도란료(x)
- 농수산물을 창고 업자인 나에게 맡기면 보관료(o)
- 즉 업자가 아니면 보관료는 없어도 됨

1. 타인보관(=위탁보관): 원칙-임치료면제, 예외, 특약가능 → 사전검사지휘 필요 (형소법규정(x), 범죄수사규칙규정(x)) 사전검사지휘 필요
   증가물, 몰수물관계 무관

2. 폐기처분 : 위험에 개연성이 높은 경우 + 사진촬영, 폐기조서, 기록 →검사, 피의자통보 → 형소법규정(x)
   국가귀속(국가 것)
   증가물로만 안 됨(국가의 것이여야 함)
   몰수할 물건 + 증가물 → 환가처분 가능 (측 몰수할 물건 + 증가물)
   임의적 필수적 몰수(0)
   예, 증가물은 가환부할 수 있다 (0)
   몰수물은 가환부할 수 있다 (x)

3. 대가보관(환가처분): 부패, 가치급격 +
   일시적, 장정적, 잠긴만

4. 가환부→ 압수효력지속=일시적 제한⇒종류
   임시적가환부:(가환부할 수 있다)=증거에
   가환부 의무:(가환부 하여야 한다)=증거에만 공할 압수물 계속사용
   공할 압수물 신청(청구)
   공 : 참여, 동참

5. 환부 ⇒ 압수 이 효력이 종국적으로 종료 ← 증거가치 상실. 구속영장 기간(별도의 압수수색영장 있으면 가능)
   〈의무〉
   점유, 취득
   사실상의 지배상태 → 법률상의 권리(권한) 소유권
   권리회인의 효력(x) 때문
   소유권포기서 받았을지라도 환부 의무 면제(x) 때문
   환부 의무에 문제 됨

형소법§ 133 (압수물의 환부 가환부)
제출인 환부의 원칙

"기간"
피고사건 종결전이라도
법원에서 결정조건으로

형소법상 사전검사 지휘

압수물에 대하여는 (x)

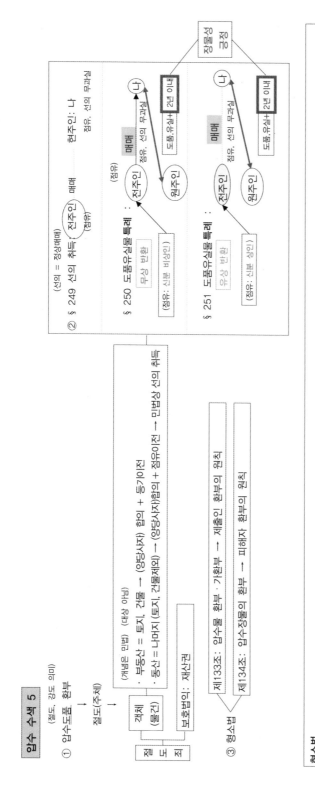

압수 수색 5

① 압수도품 환부·가환부

(절도, 강도 의미)

절도(주체)

객체 (물건) → 질 도 죄

보호법익: 재산권

(개념은 민법) (대상 이됨)
· 부동산 = 토지, 건물 → (양당사자) 합의 + 등기이전
· 동산 = 나머지 (토지, 건물제외) → (양당사자)합의 + 점유이전 → 민법상 선의 취득

제133조: 압수물 환부·가환부 → 제출인 환부의 원칙
제134조: 압수장물의 환부 → 피해자 환부의 원칙

③ 형소법

② § 249 선의 취득 (전주인) 매매 ── 현주인: 나
(선의 = 정상매매) (점유)
(점유)
매매
전주인 점유: 선의 무과실 나
점유: 선의 무과실
원주인
§ 250 도품유실물특례 :
무상 반환
(점유: 신분 비성인)

§ 251 도품유실물특례 :
유상 반환
(점유: 신분 성인)

매매
전주인 점유: 선의 무과실 나
점유: 선의 무과실
원주인

도품유실+2년 이내

도품유실+2년 이내

장물성 규정

형소법
제133조 (압수물의 환부·가환부)
① 압수를 계속할 필요가 없다고 인정되는 압수물은 피고사건 종결전이라도 결정으로 환부하거나 증거에 공할 압수물은 소유자, 소지자, 보관자 또는 제출인의 청구에 의하여 가환부할 수 있다.
② 증거에만 공할 목적으로 압수한 물건으로서 그 소유자 또는 소지자가 계속 사용하여야 할 물건은 사진촬영 기타 원형보존의 조치를 취하고 신속히 가환부하여야 한다.
제134조 (압수장물의 피해자환부) 압수한 장물은 피해자에게 환부할 이유가 명백한 때에는 피고사건의 종결전이라도 결정으로 피해자에게 환부할 수 있다.

민법
제249조 (선의취득) 평온, 공연하게 동산을 양수한 자가 선의이며 과실없이 그 동산을 점유한 경우에는 양도인이 정당한 소유자가 아닌 때에도 즉시 그 동산의 소유권을 취득한다.
제250조 (도품, 유실물에 대한 특례) 전조의 경우에 그 동산이 도품이나 유실물인 때에는 피해자 또는 유실자는 도난 또는 유실한 날로부터 2년 내에 그 물건의 반환을 청구할 수 있다. 그러나 도품이나 유실물이 금전인 때에는 그러하지 아니하다.
제251조 (도품, 유실물에 대한 특례) 양수인이 도품 또는 유실물을 경매나 공개시장에서 또는 동종류의 물건을 판매하는 상인에게서 선의로 매수한 때에는 피해자 또는 유실자는 양수인이 지급한 대가를 변상하고 그 물건의 반환을 청구할 수 있다.

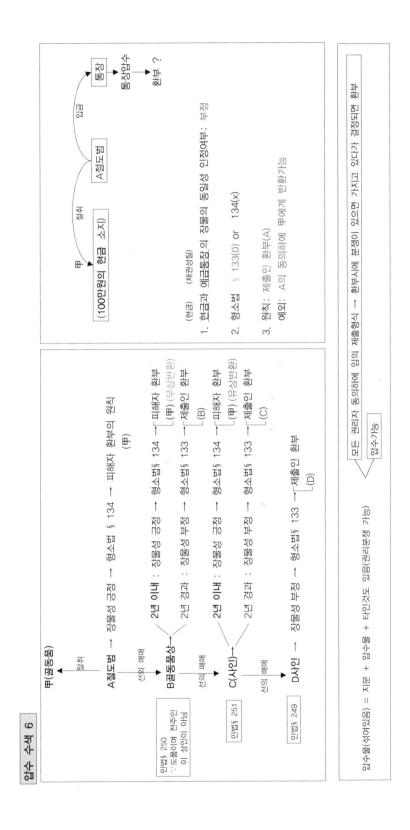

압수 수색 6

甲(글동품)

│ 절취

A절도범 → 장물성 긍정 → 형소법 § 134 → 피해자 환부의 원칙
│ 선의 매매   (甲)

B글동품상   2년 이내 : 장물성 긍정 → 형소법§ 134 ─┌ 피해자 환부
│   │ (甲) (무상반환)
│ 선의 매매   2년 경과 : 장물성 부정 → 형소법§ 133 ─└ 제출인 환부
│   (B)

C(사인)   2년 이내 : 장물성 긍정 → 형소법§ 134 ─┌ 피해자 환부
│   │ (甲) (유상반환)
│ 선의 매매   2년 경과 : 장물성 부정 → 형소법§ 133 ─└ 제출인 환부
│   (C)

D사인 → 장물성 부정 → 형소법§ 133 → 제출인 환부
                                                ─ (D)

민법§ 250
∴ 도품이며 전주인
이 상인이 아님

민법§ 251

민법§ 249

(100만원의 현금 소지)

甲   A절도범

│ 절취   │ 입금

                            통장

                            통장압수

                            환부 ?

(현금)   (채권성질)

1. 현금과 예금통장의 장물의 동일성 인정여부 : 부정

2. 형소법 § 133(0) or 134(x)

3. 원칙 : 제출인 환부(A)
   예외 : A의 동의하에 甲에게 반환가능

모든 권리자 동의하에 임의 제출형식 → 환부시에 분쟁이 → 환부시에 분쟁이 있으면 가지고 있다가 결정되면 환부
                                              있음(권리분쟁 가능)

임수가능

압수물(섞여있음) = 지분 + 압수물 + 타인것도 있음(권리분쟁 가능)

압수 수색 7

금융실명거래사예

○ 원칙: 금융거래 실명거래법상 내역은 예탁자의 <u>서면에 의해서만 요구한 사람에게만</u> 공개

○ 예외: 수사: 압수수색영장이 있을 때
　　　　법원: 제출 명령이 있을 때
　　　　금융기관간의 사이
　　　　금감원 감찰

○ 긴급체포(누설시에는) 대상

○ 연쇄적으로 어느 정도까지 볼 수 있는지 볼 수 있는 범위가 불명함

압수수색영장 발부 → [은행청구 or 전산실] → 감 수 있다 → **창구에서** → 과장 ── 거절시에는 공무집행 방해죄 → 원본대조필 후 담당자 확인 → <u>정보</u> 이기 때문에 그냥 나옴

　　　　　　　　　　　　　　　　　OK — 증거물 확보

[영장 / 신분 밝힘 / 압수증명서(x) / 물건:소유권 포기서 (o)]

(프린트물) → ┌ 정보
　　　　　　　└ 물건(X)

[물건이 아님 ∴ 압수물 목록(X)]

경찰서로 와서 ─────── 수사서류에 첨부함
(물건 아니므로 압수조서 및 압수 목록 불요)

압수 수색 8

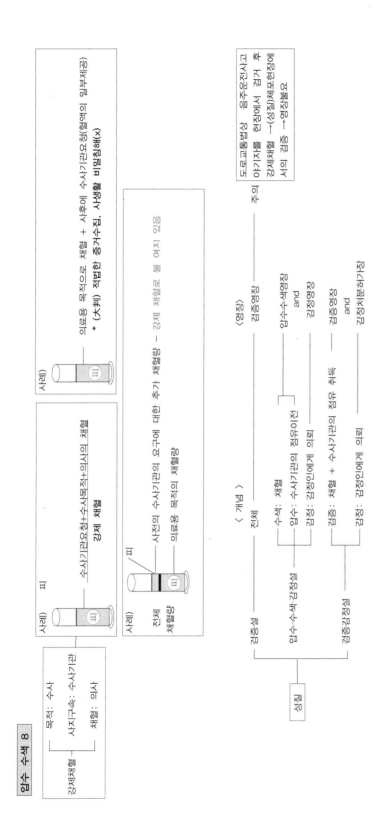

강제채혈 ─ 목적: 수사
　　　　　 사적구속: 수사기관
　　　　　 채혈: 의사

사례) 피
수사기관요청+수사목적+의사의 채혈
강제 채혈

사례) 피
의료용 목적으로 채혈 + 사후에 수사기관요청(혈액의 일부제공)
* (大判) 적법한 증거수집, 사생활 비밀침해(x)

사례) 피
전체 채혈량
사전의 수사기관의 요구에 대한 추가 채혈량 - 강제 채혈로 볼 여지 있음
의료용 목적의 채혈량

〈 개념 〉

전체 ─ 수색: 채혈
　　　 압수: 수사기관의 점유이전
　　　 감정: 감정인에게 의뢰
　　　 검증: 채혈 + 수사기관의 점유 취득
　　　 감정: 감정인에게 의뢰

〈영장〉
검증영장
압수수색영장 and 감정영장
검증영장 and 감정처분허가장

주의) 도로교통법상 음주운전사고 야기차를 현장에서 검거 후 강제채혈 →(성질)체포현장에서의 검증 →영장불요

성질 ─ 검증설, 압수·수색·감정설, 검증감정설

통신제한조치 1

*내국인: 사실상 국가통수권이 미치는 지역 및 국적이 있는 자

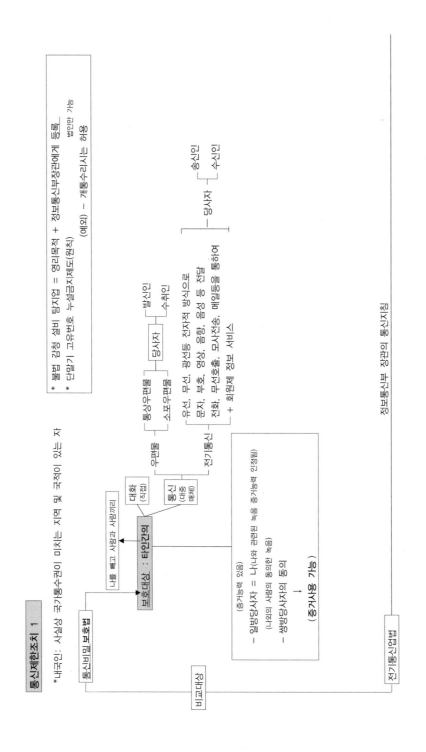

* 불법 감청 설비 탐지업 = 영리목적 + 정보통신부장관에게 등록
* 단말기 고유번호 누설금지제도(원칙)
  (예외) - 개통수리시는 허용
    ├ 송신인
    └ 수신인

통상우편물 ── 당사자 ── 발신인
               └ 수취인
소포우편물

유선, 무선, 광선등 전자적 방식으로
문자, 부호, 영상, 음향, 음성 등 전달
전화, 무선호출, 모사전송, 메일등을 통하여
+ 회원제 정보 서비스

우편물 ── 통상우편물 / 소포우편물
전기통신

보호대상 : 타인간의
          대화 (직접)
          통신 (대중 매체)

나를 빼고 사람과 사람끼리

(증거능력 있음)
- 일반당사자 = 나(나외 관련된 녹음 증거능력 인정됨)
  (나외의 사람의 동의한 녹음)
- 쌍방당사자의 동의
          ↓
      (증거사용 가능)

통신비밀 보호법

비교대상

정보통신부 장관의 통신지침

전기통신업법

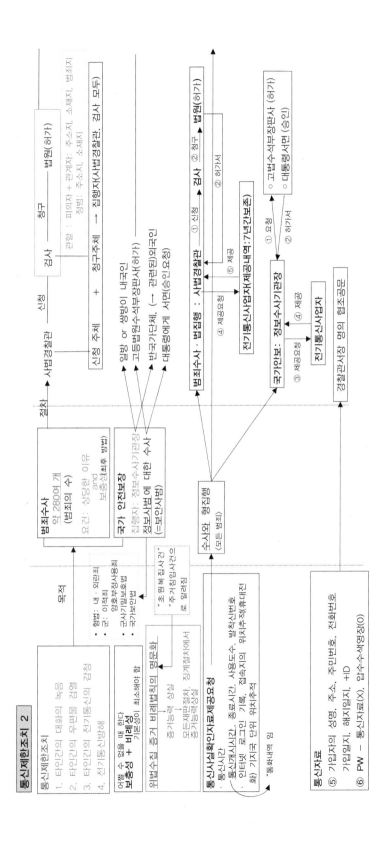

통신제한조치 2

통신제한조치
1. 타인간의 대화의 녹음
2. 타인간의 우편물 검열
3. 타인간의 전기통신의 감청
4. 전기통신 사업해

목적
• 형법: 내·외란죄
• 군: 이적죄
• 군사기밀보호법
• 국가보안법

보충성 + 비례성
어쩔 수 없을 때 한다
최소해야 함

위법수집 증거 비례원칙의 명문화
증거능력 상실
모든재판절차, 징계절차에서
증거능력상실

"초 월복집사건"
"추가침입사건"
로 알려짐

통신사실확인자료제공요청
· 통신사실
· 통신개시시간, 종료시간, 사용도수, 발착신번호
· 인터넷 로그인 기록, 접속지의 위치추적(휴대전화) 기지국 단위 위치추적
"통화내역 임"

통신자료
⑤ 가입자의 성명, 주소, 주민번호, 전화번호 가입일자, 해지일지, +ID
⑥ PW – 통신자료(X), 압수수색영장(O)

범죄수사
약 280여 개
(범죄의 수)
요건: 상당한 이유
and
보충성(최후 방법)

국가 안전보장
정범자: 정보수사기관장
정보사범 에 대한 수사
(=보안사범)

수사와 협조사항
〈모든 범죄〉

절차 → 사법경찰관 — 신청 — 검사 — 청구 — 법원(허가)

청구 주체 + 청구주체
신청 주체
일반 or 생방이 내국인
고등법원수석부장판사(허가)
반국가단체. (→ 관련되)외국인
대통령에게 서면(승인요청)

범죄수사 · 법집행 : 사법경찰관 ① 신청 ② 청구 ▶ 법원(허가)
검사

국가안보 : 정보수사기관장
전기통신사업자(제공내역:7년간보존)
○ 고법수석부장판사 (허가)
○ 대통령서면 (승인)

경찰관서장 명의 협조공문

관할 : 피의자 + 관계자: 주소지(승지, 소재지, 범죄지
정범: 주소지, 소재지
정범: 진행행자(사법경찰관, 검사 모두)

제3장 임의수사와 강제수사 93

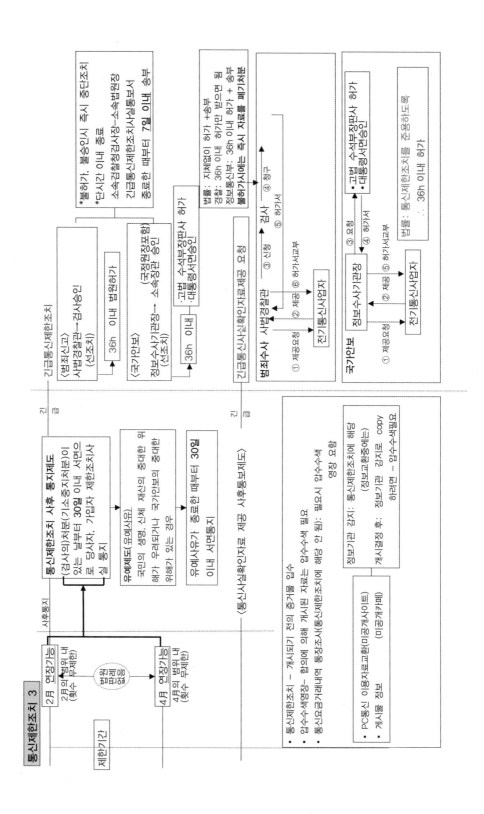

※ 범죄의 실행단계(미수론), 예비음모처벌규정 및 미수범 처벌규정이 없는 것

범죄결심 ↓	(범죄의사)	표현	→ 죄X	→ 예외: 협박, 기도된 교사

| 예비, 음모 ↓ | ① 살인, 존속살인, 위계, 위력에 의한 살인
 ② 국외이송목적 약취,유인
 ③ 강도
 ④ 현주, 공용, 일반건조물 방화 (일수)
 ⑤ **폭발성물건파열죄**
 ⑥ 가스, 전기등 방류죄 (공급방해죄)
 ⑦ 기차, 선박 등 교통방해, 기차등전복죄
 ⑧ 음용수사용방해, 수도음용수사용방해, 수도불통죄
 ⑨ 통화위조죄, 유가증권위조, 인지,우표위조
 ⑩ 자격모용에 의한 유가증권 작성죄
 ⑪ 외국에 대한 사전죄
 ⑫ 도주원조, 간수자도주원조죄
    cf) **선동 – 폭발물사용죄**
    cf) 선동, 선전
       ① 내란, 내란목적살인
       ② 외환유치
       ③ 여적죄
       ④ 모병, 시설제공, 시설파괴, 물건제공, 일반 이적죄
       ⑤ 간첩 |

실행의 착수 ↓	결과불발생→	미수	장애미수	임의적감경	의외의장애
			중지미수	필요적감경	자의성
			불능미수	임의적감경	위험성
			불능	불가벌	불가능

구성요건실현 ↓	→ 기수	= 종료	상태범	
		⇸ 종료	계속범	범의 침해의 계속

종료	

문) 예비음모선동을 처벌하는 규정은 폭발성물건파열죄가 유일한 규정이다?

   (×) ☞ 폭발물사용죄

* 미수범처벌 X		
① **중상해**	① 범죄단체조직	① 국기, 국장모독비방
② 폭행	② 소요, 다중불해산	② 외국 원수, 사절에 대한폭행,
③ **낙태**	③ 전시, 군시계약불이행	협박, 모욕, 명예훼손
④ **유기**	④ 공무원사칭	③ 외국국기, 국장 모독
⑤ 학대	⑤ 전시폭발물제도 등	④ 중립명령위반
⑥ 아동혹사	⑥ 자기소유일반건조물방화, 일수	⑤ 외교상기밀누설죄
⑦ 장물	⑦ 일반물건방화	⑥ 피의사실공표
⑧ 명예훼손	⑧ 방수, 진화, 수리방해죄	⑦ 공무상비밀누설
⑨ 모욕	⑨ 소인말소죄	⑧ 직무유기
⑩ 신용훼손	⑩ 음용수, 수도음용수방해죄	⑨ 직권남용
⑪ 업무방해	⑪ 사문서부정행사	⑩ 폭행, 가혹행위
⑫ **경매, 입찰방해**	⑫ 아편소지	⑪ 선거방해죄
⑬ **비밀침해**	⑬ 음행매개, 음화관련, 공연음란	⑫ 수뢰, 증뢰
⑭ 업무상비밀누설	⑭ 도박, 도박개장	⑬ 공무집행방해, 위계공무집행방해
⑮ **부당이득**	⑮ 사체오욕	⑭ 직무, 사직 강요죄
⑯ 경계침범	⑯ 변사체검시방해	⑮ 인권옹호직무방해
⑰ 강제집행면탈	⑰ 장래시 등 방해	⑯ 법정, 국회회의장 모욕
⑱ 점유이탈물 횡령	⑱ 복표발매, 중개, 취득	⑰ 범죄은닉, 증인은닉, 도피죄
⑲ **강간치상**		⑱ 증거인멸죄
		⑲ 위증, 무고

* 미수범처벌 있는 규정 – 통화, 문서, 퇴거불응, 도주

제4장

초동수사와 현장수사활동

제1절 ## 초동수사의 의의

학습목표	① 초동수사의 개념과 중요성을 이해할 수 있다. ② 초동수사의 목적과 확립방안을 이해할 수 있다. ③ 최초 인지지와 임장자의 조치에 대해 이해할 수 있다. ④ 광역수사와 공조수사를 구별할 수 있다.
학습목차	① 초동수사의 개념과 중요성 ② 초동수사의 목적과 확립방안 ③ 최초인지자와 임장자의 조치 ④ 광역수사와 공조수사

1. 초동수사의 개념 및 중요성

1) 초동수사의 개념

(1) 사건발생 초기에 범인을 체포하고 증거를 확보하기 위하여 행하는 긴급수사활동

(2) 초동조치와 협의의 초동수사

 - 초동조치: 사건인지, 긴급전파, 긴급출동, 긴급배치, 긴급조치(범인체포, 긴급처치, 사태진압, 확산방지), 긴급채증, 현장보존

 - 협의의 초동수사: 현장감식, 현장수사, 현장탐문

2) 초동수사의 중요성

(1) 광역화, 기동화, 교묘화되어 가는 범죄의 경향에 효과적 대응을 위해 중요하다.

(2) 초동수사는 그 후의 수사에 결정적인 영향을 준다.

(3) 범인을 체포하고, 물적 증거나 참고인을 신속히 확보케 해 준다.

2. 초동수사의 목적과 확립방안

1) 초동수사의 목적

(1) 범인의 체포 - 초동수사의 제1의 목적
(2) 수사긴급배치
(3) 참고인 및 그의 진술의 확보(탐문수사범위축소)
(4) 사건 당초 상황의 확보

2) 초동수사체제의 확립방안

(1) 보고·연락의 신속·정확화
(2) 수사관의 근무체제 확립
(3) 기동력의 확보
(4) 수사용 장비 및 통신시설 기자재의 이용
(5) 수사긴급배치계획의 수립
(6) 기초자료의 수집 및 정비
(7) 다른 기관 및 교통관계업자와의 협력체제의 확립

※ 중요사건 발생시 단계별 처리

초동수사단계	초동조치	① 사건인지　　　　　　② 긴급전파 ③ 긴급출동　　　　　　④ 긴급배치 ⑤ 긴급조치 - 범인체포, 긴급처치, 사태진압, 확산방지 ⑥ 긴급채증　　　　　　⑦ 현장보존	
	협의의 초동수사	① 현장감식　　　　　　② 현장수사 ③ 현장탐문	
수사진행단계	수사계획	① 사건의 분석 종합판단　②. 수사방침 결정 ③ 수사방향 설정　　　　④ 구체적 수사계획 수립	
	수사실행	현장중심, 피해자 중심, 감식수사, 기타 전문수사	
	사건처리	검거처리, 미검처리	

3. 최초 인지자의 조치와 임장자의 조치

1) 최초인지자의 조치

(1) 최초인지자: 8하요소(누가, 언제, 어디서, 누구와(공범), 왜, 누구에게(객체), 어떻게 해서, 어떻게 되었나 및 범인의 도주방법 및 목격자는 우선 청취할 것

※ 필수청취사항
① 신고인(주소, 성명, 직업, 연령, 신고사건과의 관계)의 확인
② 신고내용(발생일시·장소, 범인의 성명·인상·착의, 피해자, 범행수단·방법·행위·원인·동기·흉기소지여부, 피해사실·결과, 피해사실을 알게 된 경위, 현재상황, 목격자, 범인의 도주로·도주방법) 확인

※ 유의사항
① 냉정, 침착해야 한다.
② 신속한 사건청취를 제1로 하고 사건의 진부의 규명은 제2로 한다.
③ 선입관은 금물이다.
④ 신고인이 범인일 경우도 있으니 태도와 착의를 주의하여 관찰한다.
⑤ 신고인이 피해자인가? 부근 거주자인가? 등을 명확히 파악하고 신고하게 된 동기와 진위여부를 확인한다.
⑥ 관할 불문하고 친절하게 신고접수한다.

(2) 즉각보고

(3) 현장급행: 기동력을 활용하여 현장에 임장하되 거동수상자에 대해서는 불심검문

2) 최초임장자의 조치

(1) 범죄진압 및 범인체포
① 보고 후 출동, 범죄진압 및 피해자 구호, 현장보존(광범위→점차축소)
② 범인의 예상도주로 방면 경유하여 임장, 불심검문 지향, 연고감을 가진자와 동행한다.

③ 사망판단은 의사가, 범인의 출입통로를 피해 임장

(2) 부상자의 구호

(3) 임상조사

① 응급구호조치를 하는 동시에 피해자로부터 범인은 누구인가, 범행의 원인, 피해자의 주거·성명·연령, 피해상황, 부근에 있던 자(목격자), 근친자나 연고자, 기타 사항을 청취하여 두어야 한다.

② 피해자가 사망시 객관적으로 사망여부를 확인하고, 사망시간을 확인하여 현장에 그대로 보존해 둔다.

(4) 현장보존

① 원상태로 보존

② 광범위하게 보존

③ 현장을 그대로 보존할 수 없을 때에는 사진촬영

④ 현장보존범위는 최초임장경찰관이 설정

(5) 신속보고

① 이미 보고한 내용과 다른 사실

② 범인의 인상 등 범인체포를 위하여 필요한 사실

③ 범인이나 피해자에 대한 새로운 사실 등

※ 현장지휘간부의 조치

① 임무 및 담당구역 등을 명확하게 지시

② 수사긴급배치에 필요한 사항의 수집

③ 보고 및 연락책임자의 지정

④ 적절한 현장보존의 지시

※ 본서의 조치

1) 경찰서장 등에 대한 보고

(1) 경찰서장, 지방경찰청장 등에 보고 및 관계 경찰관서에 대한 수배

(2) 범인의 도주방향, 도주수단 등에 따라 신속히 수배

(3) 직접 긴급사건 수배를 발령(이 경우 지방경찰청장에게는 사후보고)

2) 수사관의 현장급파

범인 체포, 현장보존, 사건의 실태파악 등을 위하여 수사관을 현장에 파견

3) 수사긴급배치

(1) 개념

신속한 경찰력 배치
범인의 도주로 차단
검문검색을 통하여 범인의 체포
현장보존 등의 초동조치로 범죄수사자료를 수집하는 수사활동

(2) 갑호배치와 을호배치

갑호 배치	을호 배치
① 살인, 강간, 강도, 방화, 약취·살인, 연쇄 2명이상의 집단살인 ② 강도: 금융기관 및 5천만원 이상 연쇄, 인질, 총기폭발물 소지, 해상 ③ 방화: 관공서, 산업시설, 시장, 대형선박, 열차, 항공기, 보험금 목적 연쇄, 중요한 은닉방화 기타 계획적인 범죄 ④ 절도: 중요 국보급 문화재, 총기, 대량의 탄약, 폭발물 ⑤ 구인 또는 구속피의자 도주, 조직폭력사건	① 갑호 이외의 사건, 중요상해치사사건, 1억원 이상의 다액절도, 관공서·국가중요시설 절도, 국보급문화재절도사건 ② 기타 경찰관서장이 중요하다고 판단, 긴급배치가 필요하다고 인정하는 사건

(3) 발령권자

① 경찰서장 - 긴급배치를 사건발생지 관할 경찰서 또는 인접 경찰서에 시행할 경우, 인접 경찰서가 타·시도 지방경찰청 관할인 경우
② 지방청장 - 긴급배치를 사건발생지 지방경찰청의 전 경찰관서 또는 인접 지방경찰청에 시행할 경우
③ 경찰청장 - 전국적인 긴급배치

(4) 보고

긴급배치 발령시에는 지체없이 차상급기관의 장에게 보고하고, 비상해제시에는 6시간 이내에 보고

(5) 긴급배치의 생략

① 상당시간이 경과하여 범인을 체포할 수 없다고 인정될 때

② 사건내용이 일체불상·애매하여 긴급배치에 필요한 자료를 얻지 못할 때

③ 범인의 성명, 주거, 연고선 등이 판명되어 조속히 체포할 수 있다고 판단된 때

④ 기타 사건의 성질상 긴급배치가 필요하지 않다고 인정될 때

(6) 긴급배치의 해제

① 범인을 체포하였을 때

② 허위신고 또는 중요사건에 해당되지 않음이 판단되었을 때

③ 긴급배치를 계속한다 하더라도 효과가 없다고 인정될 때

※ 긴급배치의 실시요령

1. 목적은 범인의 도주경로차단과 체포이므로 배치지역은 가능한 멀리 설정
2. 신속성이 중요하므로 배치초기의 현재 소수경력을 효과적으로 배치함
3. 범행현장 및 부근의 교통요소, 범인의 도주로, 잠복, 배회처 등 예상되는 지점 또는 지역에 경찰력을 배치하고 탐문수사 및 검문검색을 실시한다. 다만, 사건의 상황에 따라 그 일부만 실시할 수 있다.(수사긴급배치규칙 제9조 1항)
4. 관외 중요사건 발생을 관할서장보다 먼저 인지한 서장은 신속히 지방경찰청장에게 보고하는 동시에 관할을 불문, 초동조치를 취하고 즉시 관할서장에게 사건을 인계하여야 하며, 필요한 경우 공조수사를 하여야 한다.
5. 사건 발생시 관할서장은 당해 사건에 대하여 타서장으로부터 사건을 인수하였을 때에는 전항에 준하여 조치한다.(동규칙 동조 제3항)

※ 상황실장 초동조치 요령

1. 상황실장은 상황실에 정위치
   • 청내 순시시에는 무전기 휴대, 항시 관내 상황 파악
2. 112신고와 동시 무전망 장악 일체감 있는 상황실과 112지령실 지휘
3. 112 순찰차 및 교통순찰자, 형기차, 싸이카 등 기동력 있는 제요소로 하여금 신속한 현장 진출지시 및 도주로 차단 지령
4. 지방청간, 경찰서간, 파출소간 공조체제 유지
   • 경계지점 발생사건 신고 접수시 관할 불문 상호 중복 출동 및 확인 종결로 공조체제 구축
5. 112타격대 출동 등 상황에 따른 필요한 초동조치 강구
6. 현장상황파악 및 조치 철저
   • 112 및 교통순찰차, 형기차, 싸이카, 출동경력 등 도착 확인

- 현장 지휘자 도착 확인(파출소장, 형사반장 등)
- 검문 및 검거조치 요령 지시
7. 필요시 긴급배치 및 목 검문소 운용
8. 신속한 상황 전파(보고, 통보, 하달)
9. 초동조치 후 주무기능 및 관련부서에 전파
- 해당과장 및 직원 현장출동 상황처리
10. 후반 근무시간에 부실장은 중요사건 사고 발생시 상황실장에게 즉시 보고 상황실장이 직장토록 조치

4. 광역수사와 공조수사

1) 광역수사

(1) 개념

수사대상 범위를 행정·경찰관할 중심의 범죄발생에 한하지 않고 인근 경찰관서의 관할지역까지 걸치게 하는 수사활동

(2) 광역수사 대상사건

① 범죄행위가 수개 시, 도, 군, 읍, 면에 걸친 것
② 사건관계자가 수개 시, 도, 군, 읍, 면에 걸친 것
③ 범인의 연속적 범행이 수개 시, 도, 군, 읍, 면에 걸친 것
④ 사건의 성질상 여러 개의 소관부서의 협력 또는 공조를 원하는 사건

(3) 광역수사의 효율화 방안

① 광역수사체제의 강화
② 수사공조정신의 확립
③ 광역수사기술의 향상
④ 수사장비의 확보 및 숙달

2) 공조수사

(1) 개념

경찰관서 상호간의 자료를 수집하고 수배, 통보, 조회 또는 합동 수사를 함으로써 범인 여죄, 장물, 범죄경력, 신원불상자의 신원확인하고 범인을 검거하고 구증하기 위한 과학적

이고 종합적이며 입체적인 일련의 조직수사활동

(2) 종류

① 평상공조와 비상공조

평상공조	평소 예견 가능한 일반적인 공조로서 수배, 통보, 조회, 촉탁 등
비상공조	중요 특이사건발생 등 특수한 경우의 공조로서 수사긴급배치, 수사본부설치운영, 특별사법경찰관리 등과의 합동수사 등이 그 예이다. 비상공조에는 정·사복, 내·외근등 부서와 관할을 불문하고 총동원되는 것이 상례이다.

② 횡적 공조와 종적 공조

횡적공조 (수평. 대등관계)	• 대내적으로 지방경찰청 상호간, 경찰서·순찰지구대 상호간은 물론 관서 내의 각 부서 내지 횡적 동료 상호간의 수사공조로서 정보의 교환, 수사자료의 수집활용, 수배통보, 촉탁 또는 합동수사 등이다. • 대외적으로 특별사법경찰관리와의 수사협조 및 경찰유관기관, 단체, 개인과의 수사협조, 나아가서 국제형사기구와의 형사공조 등이 있다.
종적공조 (수직관계)	상·하급 관서는 물론 관서 내의 상·하급 부서 내지 상·하급자 상호간의 상명하복관계를 의미한다.

③ 자료공조와 활동공조

자료 공조	• 경찰의 모든 수사정보를 자료화함으로써 그 시점 이후 영구히 남아서 다음날의 경찰이 계속 승계하여 가면서 활용하도록 하는 공조제도로서 자료의 수집과 조회제도이다. • 자료공조제도는 모든 공조제도의 총아이며 또는 이상형이라 한다.
활동 공조	현재 제기되는 당면문제에 대한 공조수사 활동으로서 수사긴급배치, 불심검문, 미행, 잠복, 현장긴급출동 등이다.

3) 공조수사의 효과

(1) 범인식별

(2) 여죄색출

(3) 장물발견

(4) 특정인의 범죄경력 확인

(5) 신원불상자 신원확인

(6) 지명수배자 및 지명통보자 검거

현장수사활동

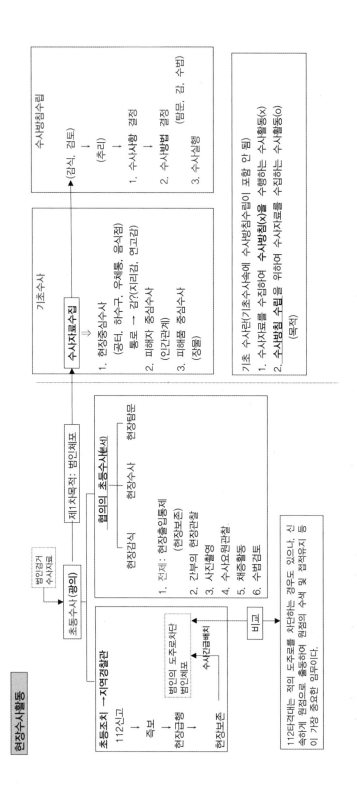

현장수사활동

초동수사 (광의)

범인검거 수사자료

제1차적목적: 범인체포

초동수사 →지역경찰관

초동조치
112신고
↓
즉보
현장급행 → 현장보존

협의의 초동수사(狹義)

현장감식   현장수사   현장탐문

1. 전제 : 현장출입통제 (현장보존)
2. 간부의 현장관찰
3. 사진촬영
4. 수사요원배치
5. 채증활동
6. 수법검토

범인의 도주로차단
범인체포
수사긴급배치

비교

112타격대는 직의 도주로를 차단하는 경우도 있으나, 신속하게 현장으로 출동하여 현장의 수색 및 정착유지이 가장 중요한 임무이다.

기초수사

수사자료수집
⇒

1. 현장중심수사
(공터, 하수구, 우체통, 음식점)
통로 → 감?(지리감, 연고감)
2. 피해자 중심수사
(인간관계)
3. 피해품 중심수사
(장물)

기초 수사란(기초수사속에 수사방침수립이 포함 안 됨)
1. 수사자료를 수집하는 수사방침(x)을 수행하는 수사활동(x)
2. 수사방침 수립을 위하여 수사자료를 수집하는 수사활동(o)
(목적)

수사방침수립

(감식, 검토)
↓
(추리)
↓
1. 수사사항 결정
↓
2. 수사방법 결정
(탐문, 감, 수법)
↓
3. 수사실행

학습목표	① 현장수사활동 및 보고요령을 이해할 수 있다. ② 현장관찰은 무엇이고 어떤 활동을 하는지 설명할 수 있다.
학습목차	① 현장수사활동 및 보고요령 ② 현장관찰

1. 현장수사활동 및 보고요령

경찰관은 범죄와 관계가 있다고 인정되는 사항과 수사상 참고가 될 만한 사항을 인지한 때에는 신속히 상관에게 보고하여야 한다.(범죄수사규칙 제14조의2)

1) 현장수사활동

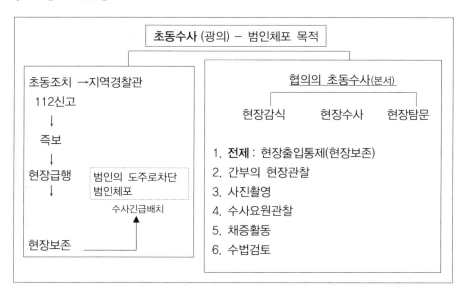

2) 보고 및 수사지휘 대상 중요사건
   (범죄수사규칙, 경찰청 훈령 제858호 [시행 2018.1.2.])

(1) 범죄의 주체

① 장·차관, 국회의원 및 지방의회의원, 자치단체장, 시·도 교육감, 4급 이상 공무원, 주요기업의 대표 및 임원, 금융기관 대표 및 임원, 유명 연예인·운동선수 등 기타

이에 준하는 저명인사의 범죄

② 외교사절, 수행원 기타 이에 준하는 외국 저명인사의 범죄 및 외국군대의 군인·군속의 범죄, 주한 미합중국 군대의 구성원·외국인군무원 및 가족이나 초청계약자의 범죄

③ 법관, 검사 또는 변호사의 범죄

④ 경찰관 범죄(단 교통사고처리특례법 제3조 제2항 본문 및 제4조 제1항 본문에 정한 교통사고사건 중 경상의 인피사고 또는 물피사고에 관한 것으로 분쟁이 발생할 우려가 없다고 인정되는 사건 제외)

⑤ 정부, 공공기관, 대기업, 주요 협회, 주요 포털·이동통신사·온라인게임사 등 사이버 관련 주요 법인의 범죄

(2) 범죄의 대상

① 장·차관, 국회의원 및 지방의회의원, 자치단체장, 시·도 교육감, 4급 이상 공무원, 주요기업의 대표 및 임원, 금융기관 대표 및 임원, 유명 연예인·운동선수 등 기타 이에 준하는 저명인사에 대한 범죄

② 외국의 원수, 외교사절, 수행원 기타 이에 준하는 외국 저명인사에 대한 범죄 및 외국군대의 군인·군속, 주한 미합중국 군대의 구성원·외국인군무원 및 가족이나 초청계약자에 대한 범죄 중 사회적 반향이 큰 사건

③ 경찰관, 교도관, 법관, 검사 등 법집행 공무원에 대한 범죄 중 사회적 반향이 큰 사건

④ 대규모 국책사업·공익사업을 방해하거나, 공공시설을 파괴 또는 그 기능을 방해하는 범죄 중 사회적 반향이 큰 사건

⑤ 정부, 공공기관, 대기업, 주요 협회, 주요 포털·이동통신사·온라인게임사 등 사이버 관련 주요 법인 등에서 운영하는 주요 시스템을 공격한 사건

(3) 수사의 태양

① 수사본부를 개설하여 수사하는 사건

② 범죄수사를 위해 통신비밀보호법에 의한 '감청'이 필요한 사건 중 보안유지가 중요하고 사회적 반향이 큰 사건

③ 다른 경찰관서(지방경찰청·경찰서) 및 타 기관(검찰·국방부·국세청·국정원 등)과 공조수사 또는 합동수사가 필요한 사건 중 중요하고 사회적 반향이 큰 사건

④ 집중(통합)수사 등 경찰청에서 수사지시(지휘)한 사이버 사건

(4) 범죄의 종류 및 정도

내란, 외환 또는 국교에 관한 사건
화재사건 중 다음에 열거한 사건 ① 현주건조물방화(다만, 피의자를 현행범으로 검거하였거나 수단·방법이 명확하여 입증상 문제가 없다고 인정되는 사건은 제외) ② 연쇄방화(원인불명의 화재를 포함) 및 관공서, 학교, 주요 문화재 기타 중요시설에서의 실화사건(다만, 원인이 명확하고 입증상 문제가 없다고 인정되는 사건은 제외한다)
통화위조·동행사사건 중 범죄수법이 특이하거나 사회적 반향이 큰 사건
공문서위조·변조·동행사사건 및 유가증권 위조·변조·동행사사건 중 사회의 존립에 위험을 발생시켜 현저하게 신용질서를 해칠 우려가 있거나 기타 중요하고 사회적 반향이 크다고 인정되는 사건
강간 또는 강제추행 사건 중 다음에 열거한 사건 ① 집단 강간·강제추행 ② 기타 범행수법이 특이하거나 연속적으로 발생하여 사회적 반향이 큰 사건
증·수뢰사건 중 특정범죄 가중처벌 등에 관한 법률위반이 적용되는 사안으로 중요하거나 사회적 반향이 크다고 인정되는 사건
살인사건(피의자가 사망하거나, 피의자를 현행범으로 검거한 경우, 또는 범행수법 등이 명백하여 입증상 문제가 없다고 인정되는 사건 제외)
상해, 상해치사 사건 중 다음에 열거한 사건 ① 불특정인을 대상으로 흉기를 사용하는 등 무차별적인 사건 ② 기타 범행수법이 특이하거나 잔인하고, 사회적 방향이 큰 사건
과실치사상 사건(교통사고사건은 제외한다) 중 다음에 열거한 사건 ① 사망자 3인 이상 또는 사상자 5인 이상의 사건 ② 기타 사회적 반향이 크다고 인정되는 사건
약취·유인, 체포·감금사건 중 피해자의 생명에 위험이 미칠 우려가 있는 사건
인신매매사건
절도사건 중 다음에 열거한 사건 ① 현금 피해액이 1억원 이상 또는 현금 이외 피해액이 3억원 상당 이상의 사건 ② 조직적인 절도사건 중 피의자 또는 범죄건수가 다수에 이르는 사건 ③ 기타 범죄수법이 특이하거나 사회적 반향이 크다고 인정되는 사건
강도사건 중 다음에 열거한 사건 ① 금융기관 또는 현금수송차를 대상으로 한 사건 ② 총포, 화약 등을 사용한 사건 ③ 치사 또는 치상의 결과가 발생한 사건 중 치료기간이 3개월 이상인 사건 ④ 피해총액이 5,000만원 이상인 사건 ⑤ 기타 범행수법이 특이하거나 사회적 반향이 크다고 인정되는 사건

사기, 공갈, 횡령·배임 사건 중 다음에 열거한 사건 ① 현금 피해액이 5억원 이상 또는 현금 이외 피해액이 10억원 이상의 사건 ② 기타 범행수법이 특이하거나 사회적 반향이 크다고 인정되는 사건
치사를 수반한 결과적 가중범 중 범행수법이 특이하거나 잔인하고, 사회적 반향이 크다고 인정되는 사건
특별법 위반의 죄 중 중요하고 사회적 반향이 크다고 인정되는 사건
선거관계범죄 중 중요하고 사회적 반향이 크다고 인정되는 사건
금융 관련범죄, 증권거래 관련범죄, 기업경영 관련범죄, 기타 국민경제에 중대한 영향을 미치고 시장경제질서를 해칠 우려가 있는 범죄
폭력단체 관련범죄 중 다음에 열거한 사건 ① 단체 상호간(내부다툼을 포함) 폭력행위 등 범죄 또는 이로 발전할 우려가 있는 사건 ② 주요 기업이나 행정기관 등을 대상으로 한 사건 ③ 기타 범행수법이 특이하거나 잔인하고, 사회적 반향이 크다고 인정되는 사건
약물에 관한 범죄 중 다음에 열거한 사건 ① 조직적인 사건으로 특수한 수사기법을 활용할 필요가 있다고 인정되는 사건 ② 대량의 약물(각성제, 아편, 헤로인, 코카인 및 대마에 있어서는 1kg이상, 정제형의 약물에 있어서는 1,000정 이상)을 압수한 사건 ③ 기타 범행수법이 특이하거나 사회적 반향이 크다고 인정되는 사건
총기 관련범죄 중 다음에 열거한 사건 ① 조직적인 사건으로 특수한 수사기법을 활용할 필요가 있다고 인정되는 사건 ② 폭력단체와 관련 있는 총기 등을 압수한 사건 ③ 기타 범행수법이 특이하거나 사회적 반향이 크다고 인정되는 사건
환경 관련 범죄 중 조직적, 계획적 또는 광역적으로 행해졌고, 또한 사회적 반향이 크다고 인정되는 사건
위험물 관련범죄 중 공공의 위험성이 높고, 또한 사회적 반향이 크다고 인정되는 사건
풍속관련 범죄 중 조직적 또는 계획적으로 행해졌고, 정치인, 유명 연예인 등 사회 저명인사가 연루되었거나, 사회적 반향이 크다고 인정되는 사건
소년범죄 중 범행수법이 특이하고 잔인하거나, 사회적 반향이 큰 사건
교통사고사건 중 다음에 열거한 사건 ① 사망뺑소니사건 중 중요하거나 사회적 반향이 큰 사건 ② 인피사고 중 사망자 3인 이상 또는 사상자 20인 이상으로 중요하거나 사회적 반향이 큰 사건 ③ 폭주족 관련사건 중 범행수법 특이하거나 사회적 반향이 큰 사건

검사의 사법경찰관리에 대한 수사지휘 및 사법경찰관리의 수사준칙(대통령령) 제76조의 중요범죄
공안범죄 중 다음에 열거한 사건 ① 극우 또는 극좌단체의 폭력 활동 관련사건 또는 극단적인 주장에 기초한 폭력사건 등에서 범 　행수법이 특이하거나 잔인하고 사회적 반향이 크다고 인정되는 사건 ② 국제테러리즘에 관한 사건 ③ 기타 각종 사회운동에 수반하여 발생하는 사건 중 사회적 반향이 크다고 인정되는 사건 또는 　반대단체에 의한 테러 등 충돌이 우려되는 사건
(사이버범죄) 해킹·디도스·악성프로그램 관련 범죄 중 다음에 열거한 사건 ① 해킹, 서비스거부공격, 악성프로그램 유포 등 기술적 방법을 이용하여 정부·공공기관·금융기 　관·대기업·주요협회 등에서 운영하는 서버에 침입하거나, 서버의 운영을 방해하거나, 서버에 　서 중요 정보를 유출한 피의자 검거 ② 해킹, 서비스거부공격, 악성프로그램 유포 등 기술적 방법을 이용하여 1천만원 이상 부당이득 　을 취득한 피의자 검거 ③ 악성프로그램을 유포하여 국내 20대 이상 서버·PC를 감염시킨 피의자 검거 ④ 신종 해킹 사건
(사이버범죄) 다중피해 인터넷사기 범죄 중 다음에 열거한 사건 ① 피해자 50명 이상(이 경우 피해액 최소 5백만원 이상) 또는 피해액 1천만원 이상(이 경우 피 　해자 최소 20명 이상) ② 소액결제 사기는 피해자 1만명 이상이면서 피해액 5억원 이상인 사건
(사이버범죄) 사이버금융범죄 중 다음에 열거한 사건 ① 피싱·파밍 – 피해자 10명 이상(이 경우 피해액 최소 1천만원 이상) 또는 피해액 2천만원 　이상(이 경우 피해자 최소 5명 이상) ② 스미싱 – 피해자 50명 이상(이 경우 피해액 최소 1천만원 이상) 또는 피해액 2천만원 이상 　(이 경우 피해자 최소 20명 이상) ③ 원인 불명 사이버금융범죄 – 메모리해킹 등 피해자가 금융정보를 타인·외부에 제공·유출 　한 사실이 없고, 피해 원인을 알 수 없는 사이버금융범죄
(사이버범죄) 개인정보 침해범죄 중 다음에 열거한 사건 ① 50만명 이상 개인정보를 불법 수집·이용·제공하거나, 부정하게 유출된 정보를 그 정을 알면 　서 제공받은 피의자 검거 ② 부정하게 취득한 10만명 이상의 개인정보를 이용하여 1천만원 이상의 부당이득을 취득한 피 　의자 검거 ③ 스파이앱(악성프로그램 이용 스마트폰 도청·위치추적) 사건
(사이버범죄) 인터넷음란 중 다음에 열거한 사건 ① 정보통신망을 이용해 음란물 1천건 이상 또는 아동청소년음란물 1백건 이상 유포한 피의자 　검거 ② 정보통신망을 이용해 영리 목적으로 음란사이트를 운영하거나 (아동청소년)음란물을 유포(방 　조)하여 1천만원 이상의 부당이득을 취득한 피의자 검거

③ 아동청소년을 이용하여 음란물을 제작한 피의자 검거	

(사이버범죄) 기타 중요 사이버 사건
① 인터넷도박 – 총 매출액(입금액 기준) 50억원 이상 또는 부당이득액 5억원 이상인 인터넷도박을 개장한 주범급 피의자 검거
② 사이버저작권 침해 – 정보통신망을 이용한 저작권 침해행위로 1억원 이상의 부당이득을 취득한 피의자 검거
③ 몸캠피싱 – 피해자 10명 이상(최소 피해액 1천만원 이상) 또는 피해액 5백만원 이상(최소 피해자 5명 이상)
④ 사이버선거 – 모든 사이버선거 사건
⑤ 국제공조 수사를 통해 주요 사이버범죄 피의자를 검거한 사건
⑥ 사이버범죄 관련 지명수배·통보 5건 이상 수배자 검거 사건

기타 지방경찰청장이 지정한 사건

3) 보고절차 및 방법
(범죄수사규칙, 경찰청 훈령 제858호 [시행 2018.1.2.])

보고 절차	• 지구대장·파출소장은 경찰서장에게 보고, 경찰서장이 지방청장에게 보고, 지방청장은 경찰청장에게 보고(경찰청 조치가 필요한 사항은 경찰청까지 보고하고, 지방청에서 조치해야할 사항은 지방청에 보고) • 단, 필요시 경찰서장은 지방청장과 경찰청장에게 동시보고
보고 시점	• 사건 발생 또는 검거시 • 필요성이 있는 경우 첩보입수·수사(내사) 착수시, 압수수색·체포·구속영장신청, 수사종결 등 중요수사 진행사항 발생시에도 보고
보고 종류	• 사건발생시는 발생보고 • 피의자검거시는 검거보고 • 첩보입수, 수사(내사) 착수시, 수사종결시, 중요수사진행사항 발생시는 수사사항보고

4) 수사체제 및 지휘책임

연번	수사체제	주요내용	지휘 책임	사건 관할
1	수사본부	– 수사본부장 지정, 지방청 수사인력 투입 및 전문수사인력 지원 – 경찰서 수사인력과 합동수사 원칙	지방청장	경찰서

2	수사 전담팀	수사주책임관 지정, 지방청 (전문)수사인력 투입·지원 및 지휘	지방청장	경찰서
3	경찰서 수사, 지방청 지휘	– 경찰서에서 수사하되, 지방청에서 지휘 – 대통령령 제76조의 중요범죄, 주요강력 사건 등 예외적으로 지방청장이 지정한 사건	지방청장	경찰서
4	경찰서 전담수사	– 경찰서에서 수사 전담	경찰서장	경찰서
5	지방청 직접수사	– 중요사이버범죄, 대출사기, 보이스피싱 등 집중수사 필요사건 – 해당 경찰서 참여가 부적합한 경찰관 비 위사건 등 예외적인 경우	지방청장	지방청

2. 현장관찰

1) 개념

범행과 직·간접으로 관련되어 있는 유·무형의 자료를 수집하기 위하여 범행현장에 있는 물체의 존재 및 상태를 관찰하는 것이다.

2) 목적

(1) 범죄사실의 확인: 범죄의 존부와 어떤 범죄를 누가 행하였는가를 확인
(2) 수사자료의 수집: 수사과정에서 범인 및 범죄사실을 분명히 하는 데 이용되는 것으로 수사활동에 뒷받침이 되는 모든 자료를 수집이다.
(3) 범행현장의 보존: 범행현장의 상황을 기록, 사진 기타 방법으로 후일을 위해서 보존

3) 일반적 유의사항

(1) 범행현장은 증거의 보고라는 신념을 견지할 것
(2) 냉정하고 침착한 관찰(신속한 관찰보다 우선함)
(3) 선입감을 피한 객관적 관찰(주관적 관찰은 안됨)
(4) 질서있는 관찰
(5) 수사지휘관의 통제하에 행할 것

(6) 광범위한 관찰(현장 중심적 관찰보다 우선함)

(7) 치밀한 관찰의 반복(개괄적 관찰보다 우선함)

(8) 관찰수단의 총 활용(자연적인 관찰보다 우선함)

(9) 모든 주의력을 집중한 관찰

(10) 범행시와 동일한 조건하에 관찰(관찰시와 동일한 조건은 의미 없음)

(11) 모순된 점과 불합리한 점의 발견에 힘쓸 것

(12) 법령을 준수할 것

(13) 관찰결과는 정확히 기록할 것

4) 일반적 순서

(1) 전체에서 부분으로, 외부에서 내부로, 좌(우)에서 우(좌)로, 위에서 아래로
   (화재 감식은 아래에서 위로)

(2) 현장위치 및 부근상황의 관찰 ⇨ 가옥 주변의 관찰 ⇨ 가옥 외부의 관찰
   ⇨ 현장내부의 관찰(천장 ⇨ 바닥) 순으로

5) 현장관찰기록 작성요령

(1) 수시로 빠짐없이 기록

(2) 시간적 순서에 따른 기록(중요한 것부터 기록 ×)

(3) 위치의 정확한 측정: 2개 이상의 부동의 기점을 선정할 것

(4) 실측을 할 것

(5) 소극적인 것도 잊지 말고 기록할 것

6) 현장관찰의 착안점과 관찰요령과 범인에 관련된 사항

(1) 범인에 관한 사항

① 범인의 신체적, 생리적 특징

- 지문, 장문, 족문: 지문은 만인부동·종생불변의 특성

- 혈액형: 혈액 이외에 타액, 정액, 질액, 구토물, 콧물, 대소변 등

- 질병유무: 위의 인체 분비물로부터 질병 검출 가능
                특정 질병 발견시에 수사범위는 축소가능

- 신장 및 체격: 족적의 길이·넓이·보폭 등으로 신장 추정 가능. 기타, 현장에서 발

견된 모발로 남녀를 식별 가능, 먹다 버린 과일에서 치아흔 발견 가능

② 범인의 착의·소지품·휴대품: 현장에서 발견된 모자, 장갑, 손수건, 의복, 흉기, 안경, 담배꽁초 등을 수사함으로써 범인에 도달 가능

③ 지식과 기능: 현장에 남겨진 편지·낙서·대화내용 등으로 범인의 지식수준, 교육정도, 연령층 추정

④ 범인의 숫자 및 공범 유무: 발자국이나 담장의 높이, 흉기의 숫자로 공범 유무 및 숫자 판단

⑤ 범인의 직업 또는 생활환경: 현장 유류품의 냄새, 오염상태, 부착물 등에서 범인의 직업추정(생선냄새, 기름냄새, 페인트냄새 등)

⑥ 전과 또는 상습성의 유무: 범행수법 교묘하고, 목적물 선정방법(부피 큰 것보다는 현금이나 귀금속 선호)

(2) 범행일시에 관련된 사항

① 범행일시: 시계의 정지상태, 일기, 메모, 가계부 등의 기재상태. 신문이나 우유 등 배달상태

② 침입시간: 취침 또는 기상의 상태, 식사상태, 발자국, 혈흔응고 등 상태

③ 범행일시를 선택한 이유를 알 수 있는 자료: 축제일, 월급날 등

(3) 범행장소에 관련된 사항

① 현장의 위치 및 주위의 상황
현장 주변의 교통여건, 도로의 상황이나 주택밀집 정도 등

② 피해자를 지목할 이유가 될 만한 사항
− 현장 주위가 복잡한 골목길(지리감)
− 낙후된 지역임에 불구하고 다액 금품 절취(연고감 추정)

③ 실내 구조와 피해품 소지 장소
특수 시정장치 금고, 곧바로 목적물이 있는 곳으로 직행했나 등

(4) 범행동기에 관련된 사항

① 피해품의 유무: 피해품이 없다면 원한 추정

② 신체적 피해상황: 공격횟수, 피해정도 등

③ 우발적, 계획적 범행여부

(5) 범행방법에 관련된 사항

① 침입구의 특이성 유무

- 수단 방법이 교묘하면 상습자·전과자의 범행,
- 침입구를 쉽게 발견할 수 없을 때는 내통한 범행으로 추정

② 범행용구의 이용상황 및 흔적

흔적은 반드시 사진촬영을 해두고 길이, 넓이 등에 대해서 실측한 후 채증해 두어야 한다. 그래야만 용의자가 나타났을 때 그들이 소지한 기구와 대조하여 일치를 입증할 수 있을 것이다.

③ 목적물의 특이성 유무

귀중품, 현금만을 손 댄 경우는 상습범이나 전과자 소행추정

④ 특이한 행동유무

돌을 던져 가족의 존부 확인, 옥내방뇨, 전화선 절단 등

⑤ 행동의 순서 및 경로

침입에서 도주에 이르기까지 제반 상황 검토해서 상습성, 연고감 유무 등 판단

⑥ 피해품의 반출상황

바퀴흔적으로 차종 추정, 부피나 중량이 큰 물건의 경우는 공범 추정

7) 현장자료의 수집 및 보존

(1) 현장자료는 범죄사실의 확인·범인의 추정·사건의 진상을 밝히는 증거임

(2) 현장자료 수집시 검토사항

① 전량수집한다(일부만 수집하면 유류물 및 유류품 구분 불명)
② 감정인에게 증거물을 수집·채취한 경과와 사건개요를 자세히 설명(피해자, 피의자에게는 알릴 필요 없음)
③ 조직의 경우

10%포르말린용액 또는 알콜에 보관

④ 혈액형 및 독물분석용 시료

어떠한 물질도 첨가해서는 안 된다.(첨가 물질로 인한 분석이 불가피해지는 경우가 생긴다)

(3) 유류품의 가치

① 범인의 직접추정
② 범인의 속성 추정
③ 범인의 행동추정
④ 범행상황 등의 추정(흉기가 남겨진(유류된)상황에서 범행의 방법)

(4) 유류품 확정시 착안점(이질성, 통일성, 단순성은 아님)

① 동일성(상해부위와 일치한지의 여부)

② 기회성(현장에 유류할 기회가 있었는지 여부)

③ 관련성(범인의 것이 확실한지의 여부)

④ 완전성(보전성, 범행시와 동일한 상태로 보전했는지의 여부)

(5) 현장자료의 증명력 확보방안

① 제3자의 참여

② 사진촬영(참여인의 서명이 담긴 표찰과 함께 원상태로 보존할 수 없는 자료도 자료의 존재
장소, 상태, 입회인 등이 명확히 나타나도록 사진을 촬영해 둔다.)

③ 검증조서, 실황조사서 등에의 기록

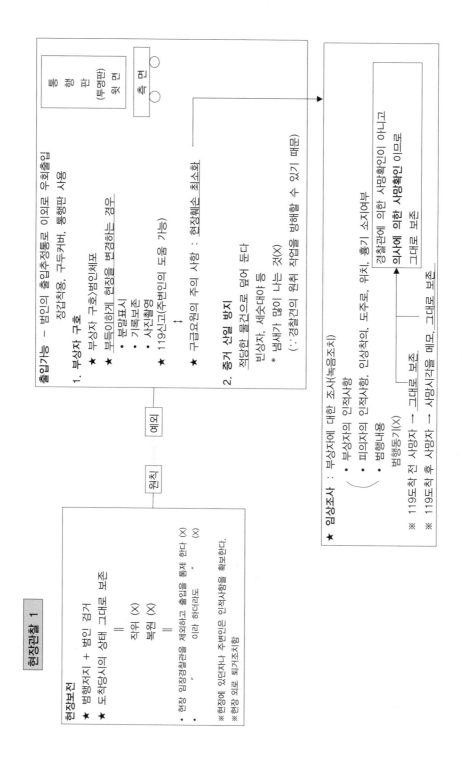

현장관찰 1

현장보존
★ 범행장치 + 범인 검거
★ 도착당시의 상태 그대로 보존
   ＝
   작위 (X)
   ＝
   복원 (X)
• 현장 임장경찰관을 제외하고 출입을 통제 한다 (X)　(X)
•　　　　〃　　　이라 하더라도
※현장에 있던자나 주변인은 인적사항을 확보한다.
※현장 외로 퇴거조치함

원칙 ── 예외

출입가능 - 범인의 출입주정통로 이외로 우회출입
정감착용, 구두커버, 통행판 사용

통행판 (투명판) 윗면 / 측 면

1. 부상자 구호
★ 부상자 구호〉범인체포
★ 복득이하게 현장을 변경하는 경우
   • 분필표시
   • 기록보존
   • 사진촬영
★ 119신고(주변인의 도움 가능)
★ 구급요원의 주의 사항 : 현장훼손 최소화

2. 증거 산일 방지
   적당한 물건으로 덮어 둔다
   반상자, 세숫대야 등
   * 냄새가 많이 나는 것(X)
   (∵경찰견의 원취 작업을 방해할 수 있기 때문)

★ 임상조사 : 부상자에 대한 조사(녹음조치)
   • 부상자의 인적사항
   • 피의자의 인적사항, 인상착의, 도주로, 위치, 흉기 소지여부
   • 범행내용
   범행동기(X)
   ※ 119도착 전 사망자 → 그대로 보존
   ※ 119도착 후 사망자 → 사망시각을 메모, 그대로 보존
   경찰관에 의한 사망확인이 아니고
   의사에 의한 사망확인이 이므로
   그대로 보존

현장관찰 2

★ 현장보존범위 : 광범위(누가 : 현장임장경찰관) ← 제2범죄현장발견시
　　↕
　　사후 증감변경이 가능(현장수사간부에 의해)

★ 주변인을 해산(X)
　　특히 화재사건의 경우 : 주변인 유지 + 사진촬영

★ 보고요원 지정(임장요원 중에서) → 보고가 수사로 진행
★ 언론기관 대처요원
★ 정복요원 배치(예외 있음 - 남자등)
★ 로프설치(출입통제 목적) "출입금지" "촉수금지" 표시
　　　　　↕
　　새끼줄 반상자 등으로 표시

★ 현장에서 유족에 대한 조사(X)

수사긴급배치

1. 목적 : 범인의 도주로 차단
범인 체포

행위 : 주요간선도로에 병력배치

2. 발령권자(현장 임장 경찰권(X), 지구대장(X))
1) 사건발생지 관할경찰서장이 발령 → 인접 경찰서
   (지방청을 달리하는 경우도 마찬가지)
   예) 전북 정읍시 살인 도주 경남 장성군 백양사 대상
       발령권자
2) 사건 발생지 관할 지방청장 : 全 경찰서, 인접 지방청
   예) 전북 정읍시 살인 도주 경남 장성군 백양사 대상
       전북지방청장
3) 경찰청장

3. 중요사건 (대상사건)

갑호 긴급배치	을호 긴급배치
~ 살인(일가족살인사건 등)	중요 상해치사사건
~ 강도(해상강도사건 등)	살인·강도·방화사건
~ 방화(연쇄방화사건 등)	
관공서 방화	관공서 금융기관절도
오천만원 이상의 다액강도	1여원 이상의 다액절도
조직폭력, 수입도주	★ 국보급 문화재절도
수사(형사) 요원 100%	100%
지구대요원 100%	50%

4. 발령시간 : 지체없이

5. 보고 : 차상급관서장에게 보고

6. 해제사유 ┌ (1) 검거
         ├ (2) 하위사건 or 중요사건(X)
         └ (3) 시간경과 → 효과(X)

8. 해제시간: 6시간 이내→보고: 차상급관서장

7. 생략사유(발령도 안 했음) 사건발생 후 상당한 시간 경과로 범인의 행방 불특정

8. 훈련횟수
   1) 경찰청 단위: 1 → 1회/년 이상
   2) 지방청 단위: 2 → 1회/반기 이상
   3) 경찰서: 4 → 1회/분기 이상

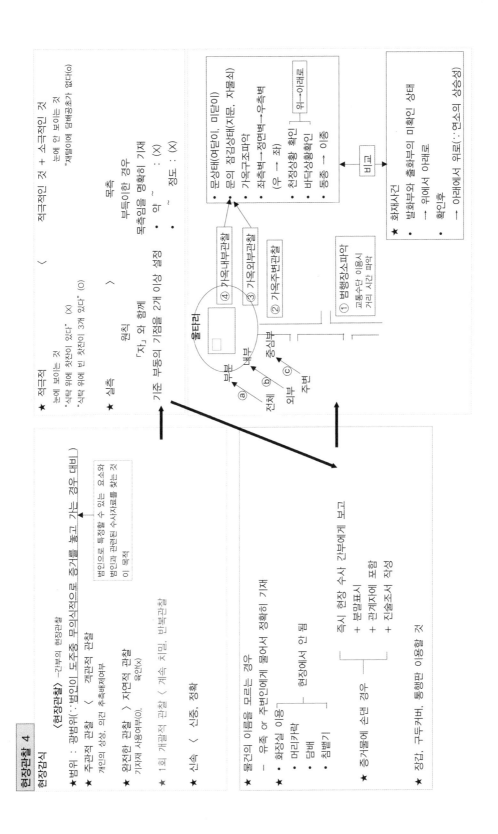

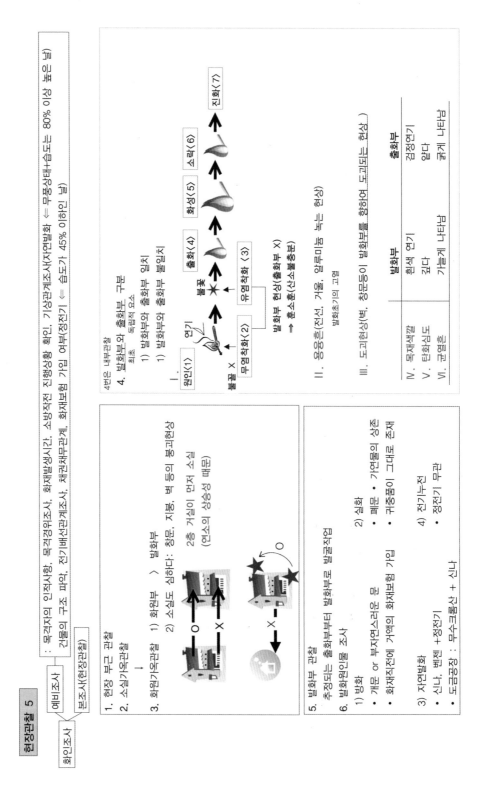

현장관찰 5

예비조사 → 본조사(현장관찰) → 화인조사

: 목격자의 인적사항, 목격경위조사, 화재발생시간, 소방작전 진행상황 확인, 기상관계조사(자연발화 ⇐ 무풍상태+습도 80% 이상 높은 날), 건물의 구조 파악, 전기배선관계조사, 채권채무관계, 화재보험 가입 여부(정전기 ⇐ 습도가 45% 이하인 날)

1. 현장 부근 관찰
2. 소실기옥관찰
3. 화원기옥관찰 1) 화원부 〉 발화부
   2) 소실도 심하다: 창문, 지붕, 벽 등이 붕괴현상
      2층 거실이 먼저 소실
      (연소의 상승성 때문)

5. 발화부 관찰
   추정되는 출화부부터 발화부로 발굴작업

6. 발화원인물 조사
   1) 방화
      • 개문 or 부자연스러운 문
      • 화재직전에 거액의 화재보험 가입
   2) 실화
      • 폐문 • 가연물이 상존
      • 귀중품이 그대로 존재
   3) 자연발화
      • 신나, 벤젠 +정전기
      • 도금공장 : 무수크롬산 + 신나
   4) 전기누전
      • 정전기 무관

4번 내부관찰
4. 발화부와 출화부 구분
   최초 독립적 요소
   1) 발화부와 출화부 일치
   1) 발화부와 출화부 붙일치

원인〈1〉 연기 · 불꽃
불꽃 X
무염착화〈2〉
유염착화〈3〉

출화〈4〉 화성〈5〉 소락〈6〉 진화〈7〉

발화부 현상(출화부 X)
⇒ 훈소흔(신소불꽃흔)

II. 용융흔(전선, 거울, 알루미늄 녹는 현상)
   발화촉기의 고열

III. 도괴현상(벽, 창문 등이 발화부를 향하여 도괴되는 현상)

	발화부	출화부
IV. 목재색깔	흰색 연기	검정연기
V. 탄화심도	깊다	얕다
VI. 균열흔	가늘게 나타남	굵게 나타남

현장관찰 6(사진촬영)

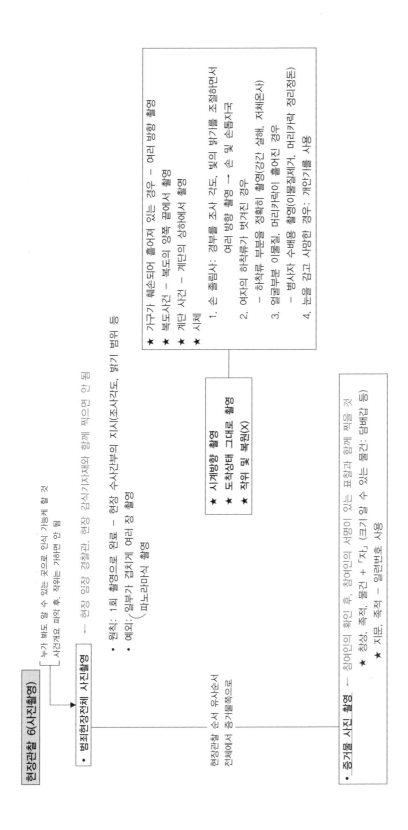

누가 보도 할 수 있는 곳으로 인식 가능케 할 것
사건개요 파악 후, 착수는 가해면 안 됨

• **범죄현장전체 사진촬영** ─ 현장 임장 경찰관 · 현장 수사간부의 지시(조사각도, 밝기 범위 등)
  • 원칙: 1회 촬영으로 완료 ─ 현장 감식기자재와 함께 찍으면 안 됨
  • 예외: (일부가 겹치게 여러 장 촬영
          파노라마에서 촬영

현장관찰 순서 유사순서
전체에서 증거물쪽으로

★ 가구가 훼손되어 흩어져 있는 경우 ─ 여러 방향 촬영
★ 복도사건 ─ 복도의 양쪽 끝에서 촬영
★ 계단 사건 ─ 계단의 상하에서 촬영
★ 시체

1. 손 졸림사: 경부를 조사를 각도, 빛의 밝기를 조정하면서
   여러 방향 촬영 ─ 손 및 손톱자국
2. 여자의 하착류가 벗겨진 경우
   ─ 하착류 부분을 정확히 촬영(강간 살해, 자제온사)
3. 엄굴부분 이물질, 머리카락이 흩어진 경우
   ─ 변사자 수배용 촬영(이물질제거, 머리카락 정리정돈)
   ─ 눈을 감고 사망한 경우: 개안기를 사용

★ **시계방향 촬영**
★ **도착상태 그대로 촬영**
★ **착의 및 복원(X)**

• **증거물 사진 촬영** ─ 참여인의 확인 후, 참여인의 서명이 있는 표찰과 함께 찍을 것
  ★ 형상, 족적, 물건 + 「자」 (크기 알 수 있는 물건: 담배갑 등)
  ★ 지문, 족적 ─ 일련번호 사용

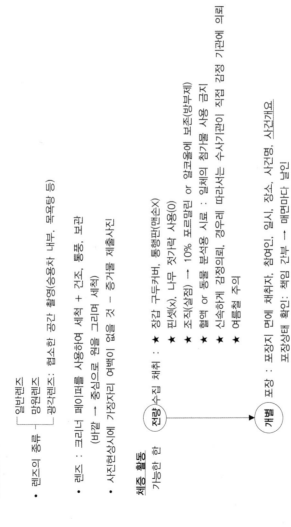

- 렌즈의 종류 ┌ 일반렌즈
　　　　　　├ 망원렌즈
　　　　　　└ 광각렌즈: 협소한 공간 촬영(승용차 내부, 목욕탕 등)

- 렌즈 : 크리너 페이퍼를 사용하여 세척 + 건조, 통풍, 보관
　　　　　(바깥 → 중심으로 원을 그리며 세척)

- 사진현상시에 가장자리 여백이 없을 것 - 증거물 제출사진

채증 활동

가능한 한　**전량**수집 채취 :　★ 장갑 구두커버, 통행판(맨손x)

　　　　　　　　　　　　　★ 판셋(x), 나무 집게류 사용(0)

　　　　　　　　　　　　　★ 조직(살점) → 10% 포르말린 or 알코올에 보존(방부제)

　　　　　　　　　　　　　★ 혈액 or 동물 분석용 시료 : 일체의 첨가물 사용 금지

　　　　　　　　　　　　　★ 신속하게 감정의뢰, 경우에 따라서는 수사기관이 직접 감정 기관에 의뢰 ┐
　　├ 냉장 보관
　　　　　　　　　　　　　★ 여름철 주의　　　　　　　　　　　　　　　　　　　　　┘ (4~5℃)

개별　포장 : 포장지 면에 채취자, 참여인, 일시, 장소, 사건명, 사건개요

　　　　포장상태 확인: 책임 간부 → 매면마다 날인

　　　　증거물과 ──────────── 대조색 ──→ 포장지의 색

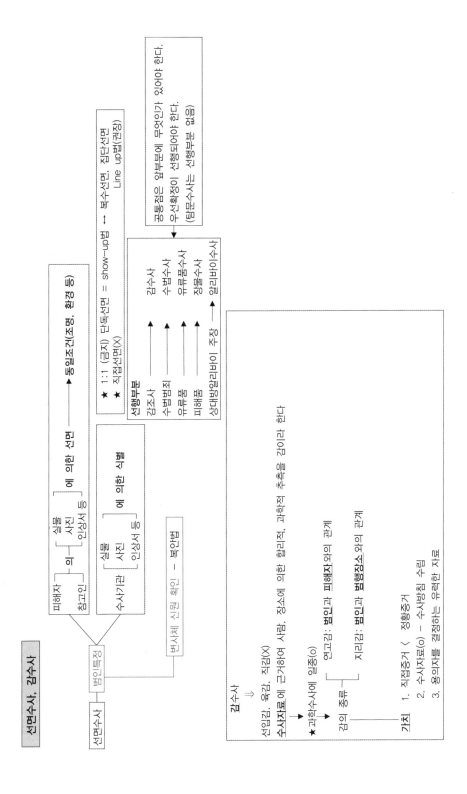

선면수사, 감수사

선면수사
범인특정
변사체 신원 확인 – 묵인법

피해자 / 참고인 —의—[실물 / 사진 / 인상서 등] 에 의한 선면 → 동일조건(조명, 환경 등)

수사기관 —[실물 / 사진 / 인상서 등] 에 의한 식별

★ 1:1 (금지) 단독선면 = show-up법 → 복수선면, 집단선면
★ 직접선면(X)   Line up법(권장)

선행부분
감조사 ←
수법수사 ←
유류품 ←
피해품
상대방알리바이 주장 → 알리바이수사

감수사
수법수사
유류품수사
장물수사
알리바이수사

공통점은 앞부분에 무엇인가 있어야 한다.
우선확정이 선행되어야 한다.
(탐문수사는 선행부분 없음)

감수사
⇒
선입감, 육감, 직감(X)
수사자료 에 근거하여 사람, 장소에 의한 합리적, 과학적 추측을 감이라 한다
★ 과학수사에 일종(o)
감의 종류 ─ 연고감: 범인과 피해자와의 관계
           지리감: 범인과 범행장소 와의 관계

연고감(o) – 수사범위 수립

가치 1. 직접증거 < 정황증거
     2. 수사자료 – 수사범위 수립
     3. 용의자를 결정하는 유력한 자료

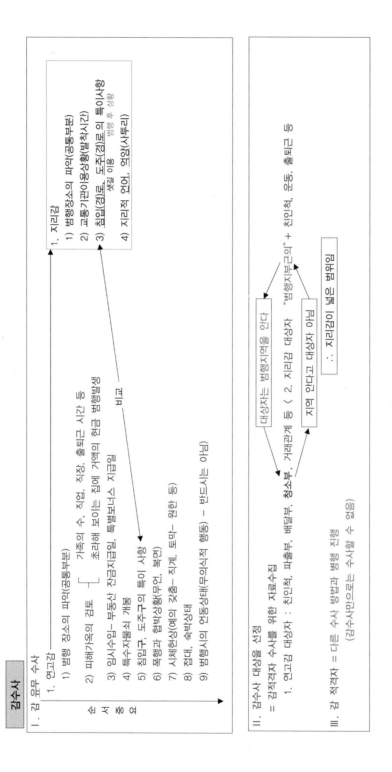

감수사

I. 감 음무 수사
1. 연고감

순서중요
1) 범행 장소의 파악(공통부분)
2) 피해가옥의 검토 ┌ 가족의 수, 직업, 직장, 출퇴근 시간 등
　　　　　　　　 └ 초라해 보이는 집에 거액의 현금 범행발생
3) 임사수입~부동산 잔금지급일. 특별보너스 지급일
4) 특수자물쇠 개봉
5) 침입구, 도주구의 특이 사항
6) 목적과 협박상황(무언, 복면)
7) 사체현상(예의 갓춤~ 직계, 토막~ 원한 등)
8) 접대, 숙박상태
9) 범행시의 언동상태(무의식적 행동) – 반드시는 아님)

1. 지리감
1) 범행장소의 파악(공통부분)
2) 교통기관이용상황(발착시간)
3) 침입(경)로, 도주(경)로 의 특이사항
　 샛길 이용 / 범행 후 상황
4) 지리적 언어, 억양(사투리)

비교

II. 감수사 대상을 선정
= 감적격자 수사를 위한 자료수집
1. 연고감 대상자 : 친인척, 파출부, 배달부, 청소부, 거래관계 등 〈 2. 지리감 대상자 "범행지부근의" + 친인척, 운동, 출퇴근 등

대상자는 범행지역을 안다
지역 안다고 대상자 아님
∴ 지리감이 넓은 범위임

III. 감 적격자 = 다른 수사 방법과 병행 진행
(감수사만으로는 수사할 수 없음)

제5장

초동수사와 현장수사활동

제1절 조사

학습목표	① 조사의 요령을 이해할 수 있다. ② 수사 서류는 협의의 수사서류와 광의의 수사서류로 구분해 볼 수 있다. ③ 수사서류 작성요령시 중요성에 대해 이해할 수 있다.
학습목차	① 조사의 요령 ② 수사서류 작성요령

1. 조사의 요령

1) 조사의 개념

피의자, 참고인 기타 사건 관계인들에게 질문하여 임의로 그 진술을 듣고 범죄사실의 진상을 발견하고자 하는 수사기관의 활동이다.

- CF) 수사: 수사기관에서 형사소송법을 근거로 범죄혐의가 있다고 사료하는 때 혐의의 진위를 확인하기 위한 조사활동으로 수사의 단서
- CF) 내사: 주관적 혐의는 없지만 범죄에 관한 기사, 익명의 신고, 풍문을 듣고 수사기 관 내부에서 행하는 대내적 조사활동 (형사소송법 근거 ×)

2) 조사의 목적

(1) 수사자료를 얻기 위하기 위하여 조사한다.

(2) 범인의 주관적 구성요건을 확인하기 위하여 조사한다.

(3) 수사한 결과로서 얻은 추정을 확인하기 위하여 조사한다.

3) 조사의 법적 근거

(1) 피의자 조사권 - 형사소송법 제199조에 수사에 관하여 그 목적을 달성하기 위하여는 필요한 조사를 규정, 제200조에 검사 또는 사법경찰관은 수사에 필요한 때에는 피의자의 출석을 요구하여 진술을 들을 수 있다고 규정하고 있다.

(2) 참고인 조사권 - 형사소송법 제221조에 제3자의 출석요구 등을 규정하여 검사 또는 사법경찰관은 수사에 필요한 때에는 피의자가 아닌자의 출석을 요구하여 진술을 들을 수 있고, 이 경우 동의를 받아 영상녹화할 수 있다고 규정하고 있다.

4) 조사관의 심적 자세

(1) 선입감의 배제하고 순수한 감정상태를 유지한다.

(2) 피조사자의 심리상태 이해하고 공평한 태도를 갖는다

(3) 피조사자의 명예심, 자존심을 존중하고 언동에 신경 쓴다.

(4) 인내심과 확고한 신념을 갖고 소기의 성과를 거둘 수 있다는 확실한 신념을 갖는다.

(5) 조급히 서두르지 말고 여유있는 마음을 갖는다.

5) 조사의 준비

(1) 조사자료의 수집 및 검토를 하기 위해 사건내용 검토, 법령 및 판례연구를 한다.

(2) 조사방법의 검토를 위해 사건 초점을 파악한다.

(3) 솔직한 진술을 하기 위한 장소일 것, 임의성이 확보된 장소일 것, 사고를 미연에 방지할 수 있는 장소일 것이 조사실 선정의 3대 요건이다.

(4) 조사자와 피조사자는 1:1이 원칙이다.

6) 피의자 조사요령

(1) 처음부터 사건의 핵심을 찌르지 않는다. 단, 단순, 경미사건하거나 명백한 증거와 여죄가 없는 경우는 처음부터 핵심을 찌르는 것이 효과적이다.

(2) 조사의 중점을 노출시키지 않는다.

(3) 유도신문은 가능한 한 하지 않는다

(4) 모순, 불합리한 점을 발견한 경우 발견할 때마다 즉시 추궁하지 않는다.

(5) 힌트는 모호하고 간접적으로 준다.

시기	• 피조사자가 조사관은 아무 것도 모른다고 오인하고 계속 부인할 경우 • 자백할 기미를 보이다가 다시 부인할 경우 • 기간 경과 등으로 기억하지 못하여 진술하지 못하는 것이 분명할 경우
방법	• 구체적으로 표현하지 말고 애매하게 흘려준다. • 핵심을 직접 집어 주지 말고 간접적으로 느끼게 한다. • 범행일시 등에 확실하게 하지 말고 그 윤곽만을 표현한다. • 사건의 핵심에 영향을 주는 말로 직접적인 힌트는 피하여야 한다.

(6) 인간성의 약점을 찔러 부모, 처자 등의 가정문제로부터 시작하여 피조사자의 기분을 풀어 준다. 증거를 약간 제시하고 급소를 찌른다. 자신 없는 질문은 피한다. 전과자 조사시에는 조사관도 은어를 사용한다.

(7) 초범자 조사시에 지나치게 이론적인 추궁을 하지 않는다

(8) 공범자의 조사 순서는 범정이 경한 자 → 성격이 약한 자 → 순진한 자 → 다변자 → 감격성이 강한 자 순으로 조사하는 것이 효과적이다.

(9) 대질의 시기는 빠르면 좋지 않다.(대질을 하지 않는 것을 원칙으로 한다)

(10) 증거제시는 피의자가 범행 일체를 자백한 후에 자백이 진실이라고 확인된 뒤에 행하는 것이 원칙이다.

(11) 피조사자가 여죄를 자백할 때에는 자백을 전부할 때까지 메모하지 말고 마음 속으로만 정리한다.

(12) 피조사자가 부인하면 진술하는 동안은 신용성이 없을 지라도 자세히 경청을 한다.

(13) 소년범은 반드시 1:1조사는 하지 않음을 원칙으로 한다.

(14) 전과자라도 인간적으로 대한다.

(15) 조사에는 일률적인 정형이 없다.

※ J.E. Reid의 심문9단계(경찰청 발행 피의자신문기법)
유죄라고 판단한 용의자에 대한 신문과정에 사용되는 전략과 기법이다.
① 1단계: 수사관은 용의자를 단도직입적이고 유죄 단정적인 태도로 대한다.

② 2단계: 수사관은 신문의 화제를 제시한다.
③ 3단계: 수사관은 용의자 범죄사실의 초기의 부인을 다룬다.
④ 4단계: 수사관은 용의자의 반론을 압도한다.
⑤ 5단계: 수사관은 용의자의 주의를 끌고 신뢰감을 보여준다.
⑥ 6단계: 수사관은 용의자의 소극적인 상태를 알아차린다.
⑦ 7단계: 수사관은 용의자에게 선택적 질문으로 답변을 선택하게 한다.
⑧ 8단계: 수사관은 용의자로 하여금 범죄사실에 대해서 상세하게 설명한다.
⑨ 9단계: 수사관은 용의자의 구두자백을 서류화하여 기록한다.

7) 자백

자백이란 피고인, 피의자가 범죄사실의 전부 또는 일부에 대하여 자기의 형사책임을 인정하는 진술을 뜻한다. 따라서 자백은 임의성이 있어야 증거능력이 인정되고, 진실성을 인정받아야 실질적 증거가치인 증명력이 있다.

자백의 임의성을 위해 반드시 진술거부권을 고지하고 심야조사는 금지하며, 변호인의 참여권을 인정하고, 자백의 이유와 자백후의 심경이 조서에 나타날 수 있도록 한다. 특히 자백 전의 행동, 표정과 자백 후의 행동 변화에 초점을 기울인다.

8) 신문의 방법

(1) 자유응답법: 의문사 수반(언제, 어디, 무엇 등) 암시 또는 유도의 염려가 적다

ex) 언제 어디로 가는 길이셨습니까? 무엇을 하러 가는 길이었습니까?

(2) 선택응답법: 미리질문과 답변을 준비, 답변 중 하나를 선택, 선택된 답변의 암시 및 유도한다

ex) 집으로 귀가하는 길이었습니까? 아니면 친구 만나러 가는 길이었습니까?

(3) 일문일답법: 듣고 싶은 점에 대한 구체적인 문제점을 명확히 파악한다

ex) 왜 그 시간에 그곳을 지나셨습니까?

(4) 전체법: 막연한 질문을 통한 자연스러운 대답

ex) 무엇을 했습니까? 수상한 점은 없습니까?

(5) 외국인 또는 장애인 신문요령

① 일반적인 구술보다 더욱 명료하고 간단하게 질문한다.

② 조서의 검토·확인·수정이 끝나면, 피신문자, 통역인, 보조인의 서명날인을 받고 주신문자와 참여자가 서명 날인한다.(조서 작성에 참여한 모두가 서명 날인)

9) 증거제시 시기

(1) 피의자가 범행일체를 자백하고 자백의 진실확인 후 증거를 제시하는 것이 원칙이다.

(2) 피의자가 부인할 시는 제시하는 않는 것이 원칙이다.

(3) 부인하여도 제시할 필요가 있다면 피의자의 반응을 잘 살펴 두어야 한다.

(4) 자백하지 않기 때문에 석방 또는 귀가시킬 단계에서 최후의 수단으로 제시한다.

10) 증거제시 방법

(1) 확실한 것만 제시한다.

(2) 장물이나 범행기구 등에 대해서는 증거물을 제시하기 전에 먼저 피의자에게 그 모양·특징·수량·무게 등을 설명시켜 확인한다.

(3) 증거물에 피의자가 손을 대지 못하게 한다.

(4) 여죄의 없을 때에는 단도직입적으로 증거를 제시한다.

(5) 여죄가 있는 경우 처음부터 제시하지 말고 자백할 가능성이 확정되는 경우에만 제시한다

11) 참고인 조사요령

(1) 사건내용을 분석, 사건해결에 필요한 사항 조사 검토 후 선정한다

인정신문 → 사건과의 관계 → 목격 또는 관련 경위, 일시, 장소 파악 → 사실 파악 → 기타 참고 사실 파악

(2) 참고인 협력 거부시 조사요령

제3자의 일에 관여하기 싫어하는 심정	① 피의자의 반사회성을 부각시킨다. ② 사회의 구성원으로서 정의감에 호소한다.
보복이 두려운 경우	① 사후 보복이란 있을 수 없다는 점을 강조 ② 보호책임을 밝힌다. ③ 비밀유지와 사후 재판출석 증언할 수밖에 없으니 미리 협조하도록 설

	득한다.
피의자 옹호하거나 수사에 반감을 갖는 경우	① 범인과의 관계를 추궁하는 한편 범인의 배신행위를 확신시켜서 그 관계를 단절토록 노력한다. ② 참고인 자신을 범인시하는 등의 신문방법을 취한다. (이해관계인)

12) 피해자 조사요령

(1) 범죄사실을 확정하고, 범인에 관한 정보를 얻는다.

(2) 냉정을 되찾게 하고, 중요·긴급을 요하는 점부터 순서있게 진술하도록 하여야 한다.

2. 수사서류 작성요령

1) 개요

(1) 의 의

－협의의 수사서류 (보통 수사서류)

① 수사기관이 당해 사건에 관해 공소를 제기, 유지하고, 유죄판결을 받게 할 목적으로 스스로 작성한 서류를 말한다.

② 수사기관 스스로 작성한 서류 및 수사기관 이외의 자가 작성한 서류로서 수사기관이 수집한 서류 중 내용적 의미만으로 증거가 된다.

－ 광의의 수사서류: 협의의 수사서류 ＋ 범죄혐의가 없어 내사종결 서류 ＋ 수사 행정서류

(2) 중요성(용도)

① 당해 수사절차가 적정하게 이루어졌다는 사실을 증명한다.

② 공소자료 및 공판에 증거로 이용되어 범죄의 증명한다.

(3) 성격: 보고적 성격을 갖는다

(4) 수사서류의 종류: 수사기관이 작성, 수사기관 이외의 자(私人) 작성으로 구분한다.

작성주체	종 류
수사기관	① 진술서류: 피해자진술조서(문답식 내용을 기재), 　　참고인진술조서, 피의자신문조서, 대질조서 등
	② 보고서류: 범죄인지보고서, 현행범인체포서, 수사보고서 등
	③ 기타서류: 압수조서, 검증조서, 검시조서, 실황조사서, 　　각종 의견서, 각종 건의서, 사실조회, 촉탁서, 　　수사협조의뢰서 등
공·사인	① 고소장, 고발장, 피해신고서, 진술서 등 ② 사실조회에 대한 회보서 ③ 등본, 초본, 사본류 등

(5) 수사서류 작성 전 검토사항

① 범죄성립요건, 즉 구성요건해당성, 위법성, 책임성을 파악한다.
② 소추조건: 범죄의 성립은 물론 그 가벌성에 관계없이 오직 공소제기 및 소추수행의
　　요건을 말하며, 친고죄에 있어 고소제기 유무 및 취소여부, 반의사불벌죄에 처벌을
　　희망하는 의사표시 유무를 파악한다.
③ 처벌조건(가벌성, 가벌조건)을 파악한다.

(6) 수사서류 작성상의 원칙

내용상의 원칙(실질적 유의사항)	기술상의 원칙(형식적 유의사항)
① 수사자료획득 선행의 원칙 ② 범죄사실증명 중심의 원칙 ③ 사실을 그대로 기재할 것 ④ 요점을 빠뜨리지 말고 기재할 것 ⑤ 간명하게 기재할 것 ⑥ 수사의 경과를 사실대로 작성할 것 ⑦ 객관성을 유지할 것 ⑧ 기재 내용에 모순이 없을 것 ⑨ 6하 원칙 또는 8하 원칙에 따라 작성	① 수사행위자와 작성자의 일치 ② 수사행위시마다 작성 ③ 소정의 서식을 따를 것 ④ 우리말로 작성할 것 ⑤ 통일된 호칭을 사용할 것 ⑥ 문자를 정확하고 명료하게 기재할 것 ⑦ 숫자 기재시 정확하고 능률적기재 ⑧ 성명은 한글로 기재하고 (　)안에 한자 　를 쓸 것 ⑨ 사투리를 쓸 경우 그 뒤에 괄호를 하고 　그 내용을 간단하게 설명 ⑩ 가능한 한 일상용어를 사용할 것

(7) 수사서류 작성순서

- 원칙

① 피해자나 목격자 등의 참고인 진술조서를 먼저 작성하고 피의자 신문조서를 작성한다.

② 원칙적으로 시간의 흐름대로 작성하여야 한다.

- 작성순서

① 신고자 진술조서 작성 및 채증

② 용의자진술서 작성 및 채증

③ 범죄인지보고서 작성

④ 참고인진술조서 작성 및 채증

⑤ 사실조회 또는 수사협력 의뢰에 의한 회보 검토

⑥ 피의자신문 및 압수

⑦ 공범자신문 및 압수

⑧ 현장검증

⑨ 피의자검거보고

⑩ 구속영장 신청서 및 구속영장

⑪ 압수물 가환부 신청에 의한 가환부 지휘 건의서

⑫ 압수물가환부 영수증

⑬ 구속통지서

⑭ 피의자신문

⑮ 수사보고

⑯ 의견서

(8) 형사민원사건 조사순서

민원인에게 먼저 출석요구서를 발부하여야 한다.

(9) 수사기관(경찰관)이 작성하는 수사서류 작성방식

① 작성 연·월·일 기재

② 작성자의 소속관서 및 계급

③ 작성자가 서명·날인(무인불가, 기명날인가능 – 대법원규칙 근거)

④ 2매 이상인 경우 매장에 간인(작성자는 좌측에, 진술자는 우측에)

⑤ 여백이나 공백에는 사선을 긋고 날인할 것

⑥ 문자를 함부로 변·개조하지 말 것

⑦ 피의자신문조서나 진술조서인 때에는 난외에 '몇 자 삭제', '몇 자 추가'라고 기재하고, 그 곳에 진술자로 하여금 날인 또는 무인하게 하여야 한다.(진술자가 외국인인 경우 날인 생략)

※ 경찰관이 대신서명할 경우 열람 및 낭독해주고 대서 이유를 기재한 후 본인과 함께 서명날인, 작성자만 날인하면 안 된다.

> ## 제2절 수사서류 구분

학습목표	① 수사서류와 증거물 서면을 이해할 수 있다. ② 수사 서류 작성시 주의사항을 이해할 수 있다.
학습목차	① 수사서류와 증거물 서면 ② 수사서류 작성시 주의사항

1. 수사서류의 의의

1) 협의의 수사서류

범죄수사에 관하여 당해 사건의 유죄판결을 받을 목적으로 공소의 제기 및 유지를 위하여 수사기관이 스스로 작성한 서류와 수사기관 이외의 자가 작성한 서류로서 수사기관이 수집한 서류 중 내용적 의미만으로 증거로 되는 서류를 말한다. 일반적으로 수사서류라 함은 협의의 수사서류를 의미한다.

2) 광의의 수사서류

협의의 수사서류는 물론 범죄의 혐의가 없어 내사종결에 그치는 서류 및 수사행정에 관하여 작성한 모든 서류를 의미한다.

3) 증거물인 서면과 수사서류

	증거물인 서면	수사서류
증거능력	내용적 의의와 물리적인 존재가 모두 증거	내용적 의의만이 증거
보관방법	압수하여 보관	기록에 편철과 보관
증 거 조사방법	법정에서 제시 및 낭독, 내용의 고지 또는 제시 열람	법정에서 낭독, 내용의 고지 또는 제시, 열람

2. 수사서류의 중요성

수사서류는 구체적 사건의 단서, 수사의 경과 및 수사의 각종 절차 등을 기록한 것으로서 그 기재내용은 범죄의 증명에 가치가 있을 뿐만 아니라 수사절차가 적정하게 행하여졌다는 것도 증명하는 중요한 서류이다.

3. 수사서류의 종류

수사서류는 작성주체에 따라 수사기관이 작성한 서류와 사인이 작성한 서류로 분류해 볼 수 있다.

(1) 수사기관이 작성한 서류

① 진술조서

피해자 진술조서, 참고인 진술조서, 피의자 신문조서, 대질조서 등이 있다.

② 보고서류

범죄인지서, 현행범인체포서, 수사보고서 등이 있다.

③ 기타서류

기타서류에는 압수조서, 각종 건의서, 사실조회의뢰서, 촉탁서, 수사협조의뢰서 등이 있다.

(2) 사인이 작성한 서류

고소장, 고발장, 피해신고서, 진술서, 사실조회에 대한 회보서, 등본, 초본, 사본류 등이 있다.

(3) 수사보고서 작성요령

법령상 규정된 양식은 없어서 조사 확인 내용을 사실 그대로 작성해도 되지만 실무상
으로는 정부공문서 규정에 따른 문서양식 원용하여 작성하는 것이 관례이다.

즉, 상단 중앙에는 작성자의 소속 기관명, 우측상단에 작성 연·월·일을 먼저 기재하고
그 다음에는 수신, 제목, 전문, 본문, 작성자의 소속·계급·성명을 기재한 후 날인한다.

제 목	한눈에 보고내용의 취지를 알 수 있도록 간결하게 제목을 붙인다. 예: "용의자〇〇〇의 살인사건 수사보고", 　　"금은방 절도사건 피해품 발견보고" 등
전 문	수사의 경과와 보고하려는 내용이 식별될 수 있도록 요령있게 간단히 기재. 경우에 따라서는 전문기재 없이 본문으로 들어가기도 한다. 예: 2017년 〇월 〇일 서울발 부산행 제〇〇새마을호 열차 내에서 발생한 도난사건에 　　대하여 다음과 같이 초동수사 하였기에 보고합니다.
본 문	내용이 단순한 경우에는 서술식으로 간명하게 기재하고, 복잡한 경우에는 항목별로 구 분하여 상세히 작성 ① 그때의 자기 직무내용 　　언제, 어디서, 어떤 직무를 집행하고 있었는가의 내용 ② 단서의 입수 또는 수사의 경위 　　고소, 고발, 신고 등 ③ 수사의 사실의 내용 상술 　　사실을 육하(팔하)의 원칙(법칙)에 따라 기재 ④ 관계자 또는 증거로 될 만한 사상, 사물 　　어떤 것이며 압수하고 절차는 취하는가 ⑤ 조치 및 결과 　　결과는 어떻게 되었는가 ⑥ 보고자의 의견 　　자기의 의견이란 것을 명시할 것

4) 범죄인지보고서

(1) 의 의

① 고소, 고발, 자수가 있을 경우에는 범죄인지보고서를 작성하지 않는다. (현행범체포,
　　인수시에는 작성함)
② 사법경찰관이 인지한 사건은 모두 수사하여 기소, 불기소의 의견으로 검찰로 송치

하여야 한다.

(2) 기재사항 및 작성요령

피의자 인적사항(피해자 아님) ⇒ 범죄경력 ⇒ 범죄사실(범행시간순) ⇒ 인지경위 ⇒ 적용법조(순서 중요)

5) 체포보고서 · 현행범인 인수보고서

(1) 체포보고서: 체포영장에 의한 체포, 긴급체포, 현행범체포시 작성한다.

(2) 공통기재 사항

① 인적사항

② 체포연월일시

③ 체포장소 (적용법조는 기재 안함)

④ 체포시 상황

⑤ 증거자료유무는 "있다" "없다"라고만 기재

(3) 현행범인 인수서

피의자 체포보고서	영장에 의한 체포, 긴급체포, 현행범인으로 체포시에 피의자 체포보고서를 작성 전과관계기재(0), 구속영장발부관계(0)
현행범인 체포서	현행범인 체포시 작성 전과관계기재(×), 구속영장발부관계(×)
현행범인 인수서	사인이 체포한 경우 사법경찰관이 인수시 작성
피의자 긴급체포서	긴급 체포시 작성

6) 피의자신문조서 · 진술조서 · 진술서 · 검증조서 · 실황조사서

(1) 피의자신문조서

수사기관에서 혐의내용에 대하여 문답형식의 조사로 그 문답을 작성하는 한 서류이다.

① 의 의

　입건된 피의자에 대해서는 특별한 예외를 제외하고는 피의자신문조서를 작성해야 한다.

- 변호인의 참여권이 인정되고 있다.

② 피의자신문시 변호인 참여권

- 경찰서장이 참여여부를 결정
- 참여한 변호인은 신문조서에 한하여 열람 가능
- 변호인 참여시 조서 말미에 변호인의 서명날인을 받는다.
- 국가보안법위반사건, 마약, 테러, 조직폭력사건의 경우에는 변호인 참여가 제한된다.

③ 피의자신문조서의 증거능력: 검사의 경우, 기타 수사기관의 경우

검사 또는 사법경찰관의 작성한 피의자신문조서조서 증거능력(형소법 제312조2항)

- 적법한 절차와 방식에 따라 작성 된 것으로서(적법성, 임의성)
- 공판준비 또는 공판기일에서 그 피의자였던 피고인이나 변호인이 내용을 인정한 때.

④ 피의자신문조서의 기재사항

범죄수사규칙 제68조 경찰청 훈련 제858호(2018.1.2)(피의자에 대한 조사사항)

제68조(피의자에 대한 조사사항) 경찰관은 피의자를 신문하는 경우에는 다음 각 호의 사항에 유의하여 별지 제26호 서식에서 제32호 서식까지의 피의자신문조서를 작성하여야 한다.

1. 성명, 연령, 생년월일, 주민등록번호, 등록기준지, 주거, 직업, 출생지, 피의자가 법인 또는 단체인 경우에는 명칭, 상호, 소재지, 대표자의 성명 및 주거, 설립목적, 기구
2. 구(舊)성명, 개명, 이명, 위명, 통칭 또는 별명
3. 전과의 유무(만약 있다면 그 죄명, 형명, 형기, 벌금 또는 과료의 금액, 형의 집행유예 선고의 유무, 범죄사실의 개요, 재판한 법원의 명칭과 연월일, 출소한 연월일 및 교도 소명)
4. 형의 집행정지, 가석방, 사면에 의한 형의 감면이나 형의 소멸의 유무
5. 기소유예 또는 선고유예 등 처분을 받은 사실의 유무(만약 있다면 범죄사실의 개요, 처분한 검찰청 또는 법원의 명칭과 처분연월일)
6. 소년보호 처분을 받은 사실의 유무(만약 있다면 그 처분의 내용, 처분을 한 법원명과 처분연월일)
7. 현재 다른 경찰관서 그 밖의 수사기관에서 수사 중인 사건의 유무(만약 있다면 그 죄 명, 범죄사실의 개요와 당해 수사기관의 명칭)
8. 현재 재판 진행 중인 사건의 유무(만약 있다면 그 죄명, 범죄사실의 개요, 기소 연월 일과 당해 법원의 명칭)
9. 병역관계
10. 훈장, 기장, 포장, 연금의 유무
11. 자수 또는 자복하였을 때에는 그 동기와 경위
12. 피의자의 환경, 교육, 경력, 가족상황, 재산과 생활정도, 종교관계
13. 범죄의 동기와 원인, 목적, 성질, 일시장소, 방법, 범인의 상황, 결과, 범행 후의 행동

---

14. 피해자를 범죄대상으로 선정하게 된 동기
15. 피의자와 피해자의 친족관계 등으로 인한 죄의 성부, 형의 경중이 있는 사건에 대하여는 그 사항
16. 범인은닉죄, 증거인멸죄와 장물에 관한 죄의 피의자에 대하여는 본범과 친족 또는 동거 가족관계의 유무
17. 미성년자 피성년후견인이나 피한정후견인인 때에는 그 친권자 또는 후견인의 유무 (만약 있다면 그 성명과 주거)
18. 피의자의 처벌로 인하여 그 가정에 미치는 영향
19. 피의자의 이익이 될 만 한 사항
20. 전 각호의 사항을 증명할 만한 자료
21. 피의자가 외국인인 경우에는 외국인 피의자에 대한 조사사항

검사의 사법경찰관리에 대한 수사지휘 및 사법경찰관리의 수사준칙에 관한 규정([시행 2017.7.26.] [대통령령 제28211호, 2017.7.26., 타법개정])

제17조(피의자에 대한 조사사항)
제17조(수사 개시) ① 사법경찰관은 법 제196조 제2항에 따라 범죄의 혐의가 있다고 인식하는 때에는 수사를 개시하고 지체 없이 별지 제2호서식의 범죄인지서를 작성하여 수사기록에 편철(編綴)하여야 한다.
② 제1항의 범죄인지서에는 피의자의 성명, 주민등록번호, 직업, 주거, 범죄경력, 죄명, 범죄사실의 요지, 적용법조 및 수사의 단서와 범죄 인지 경위를 적어야 한다.

> 범죄인지서는 현행범인을 체포하거나 인수받은 경우에도 작성하며, 고소·고발 사건의 경우에는 범죄인지서를 작성하지 않는다. 범행의 선후 기재는 범죄발생시간순으로 하여야 하며, 범죄사실에는 일시·장소·방법 등을 명시하고, 특히 수사의 단서 및 인지하게 된 경위를 명백하게 기재하여야 한다.

※ 피의자신문조서 작성요령(조서 모두 기재요령)

피의자를 특정하는 사항	① 성명은 호적에 기재된 이름을 기재할 것. 그러나 구명·개명·이명·별명 등이 있는 경우에는 괄호를 하고 표시
	② 연령은 생년월일과 함께 기재
	③ 주민등록번호는 주민등록증에 정해진 번호를 기재한다.
	④ 주거란 민법의 이른바 주소 또는 거소의 뜻이며 어떤 경우에도 현재의 그것을 기재하여야 한다.
	⑤ 본적이란 호적의 소재장소를 말한다. 전적한 자는 본적을 기재한 다음 괄호를 하고 원적을 기재하는 것이 좋다.
	⑥ 직업은 조사 당시의 직업을 되도록 구체적으로 기재하여야 한다.

전문에 기재	① 피의자 성명·피의사건명·조서작성연월일·조서작성장소를 기재 ② 조서작성자 계급·성명, 참여경찰관의 계급·성명을 기재 ③ 피의자를 특정하는 사항을 기재한 다음 피의자에게 사건의 요지를 설명한 다음에 반드시 진술거부권을 고지해야 한다. ④ 변호인 참여 신청시 참여변호인 성명을 기재한다. (조서말미에 변호인의 서명·날인을 받는다.)

(2) 진술조서

① 의 의

- 수사목적을 달성 위하여 피의자 아닌 제3자의 진술을 기재한 조서를 말한다.
- 참고인진술조서 작성시 진술거부권을 고지할 필요가 없다.

② 진술조서의 증거능력

    a. 수사기관이 피고인의 진술을 기재한 조서도 진술조서에 해당한다.

      (피고인은 피의자가 아니기 때문)

    b. 검사나 사법경찰관이 작성한 진술조서는 진술자의 진술에 의하여 성립의 진정이 증명된 때에 한하여 증거능력이 인정된다.

    c. 원진술자가 진정성립을 인정한 이상 내용을 부인하거나 조서내용과 다른 진술을 하여도 증거능력이 인정된다. 피고인이 증거로 함에 동의할 것도 요하지 않는다.

③ 사법경찰관 수사단계의 피의자의 진술서

피고인이 내용을 인정하여야 증거능력이 인정됨에 반하여 성립의 진정이 증명되면 증거로 할 수 있다.

④ 검증조서의 증거능력

공판준비 또는 공판기일에서 법원 또는 법관의 검증의 결과를 기재한 조서나 증거보전절차에서의 검증의 결과를 기재한 조서도 증거능력이 인정된다.

⑤ 진술조서의 기재시 주의사항

    (a) 형식에 흐르지 말고 추측이나 과장을 배제하며 범의 착수의 방법, 실행행위의 태양, 미수·기수의 구별, 공모사실 등 범죄 구성요건에 관한 사항에 대하여는 특히 명확히 기재한다.

    (b) 필요할 때에는 진술자의 진술 태도 등을 기입하여 진술의 내용뿐 아니라 진술 당시의 상황을 명백히 알 수 있도록 한다.

    (c) 일상용어로 평이한 문구를 사용한다.

(d) 복잡한 사항은 항목을 나누어 기재한다.

(e) 사투리, 약어, 은어 등을 사용하는 경우에는 진술의 진실성을 확보하기 위하여 그대로 기재한 다음에 괄호를 하고 적당한 설명을 붙인다.

(f) 외국어 또는 학술용어에는 괄호를 하고 간단한 설명을 붙인다.

(g) 지명, 인명 등으로서 읽기 어려울 때 또는 특이한 칭호가 있을 때에는 그 다음에 괄호를 하고 음을 기재한다.

⑥ 작성요령

(a) 참고인에게는 진술거부권을 반드시 고지할 필요는 없으나 참고인조사에 있어서도 고문금지와 진술거부권은 그대로 보장된다.

(b) 피해자의 진술조서에는 반드시 피해회복여부와 처벌희망 여부를 물어야 한다.

(c) 상해를 입은 피해자에 대해서는 진술당시의 치료정도를 물어 치료기간을 확인하고, 상해발생 당시 작성된 진단서에만 의존하는 일이 없도록 한다.

(d) 증인격인 참고인에 대해서는 피의자 또는 피해자와의 관계, 기타 그 사건과의 이해관계를 명백히 한 후 진술을 듣도록 한다.

(e) 특정범죄신고자등보호법에 의해 보복등의 염려가 있는 경우신원을 알 수 있는 사항 일부 또는 전부를 기재 안 할 수 있다.

(3) 진술서

① 의의

(a) 피고인·피의자 또는 참고인이 스스로 자기의 의사, 사상, 관념 및 사실관계 등을 기재한 서면으로서 진술서, 자술서, 시말서 등 명칭의 여하는 불문한다.

(b) 작성의 시기와 장소도 묻지 않아서 사건과 관계없이 작성된 메모나 일기 등도 여기에 포함된다.

(c) 피고인·피의자·참고인이 작성의 주체라는 점에서 법원 또는 수사기관이 작성하는 진술조서와 구별된다.

② 증거능력

"작성자의 자필이거나 서명 또는 날인이 있는 진술서는 공판준비나 공판기일에서의 작성자 또는 진술자의 진술이 진술에 의하여 그 성립의 진정함이 증명되고 특히 신빙할 수 있는 상태하에서 행하여진 때에 한하여 증거로 할 수 있다."고 되어 있다 (형사소송법 제313조)

③ 작성요령

(a) 진술사항이 복잡하거나 진술인이 서면진술을 원하는 경우에는 진술서를 작성하

여 제출하게 한다.

  (b) 진술인이 사용하는 어휘가 법률전문용어가 아닐 경우 어려운 법률 용어를 불러주어 받아쓰도록 하는 경우 재판에서 임의성과 신빙성을 의심받을 경우가 있으므로 주의한다.

  (c) 여러 사람들로부터 동종의 사건에 대하여 같은 종류의 진술을 얻어야 할 경우에는 일정한 양식을 만들어 그 양식에 따라 기재하여 제출케 하는 것도 좋은 방법이다.

  (d) 진술서를 제출 받았을 경우에도 진술인을 바로 귀가시키지 말고 그 자리에서 내용을 검토하여 사건처리에 영향을 미칠 중요한 내용이라면 진술을 번복할 경우에 대비하여 진술조서를 작성해야 한다.

(4) 검증조서

① 의 의

  (a) 검증조서란 수사기관이 검증의 상황 및 결과를 명백히 기재한 서면, 즉 오관의 작용에 의하여 검증 대상물의 존재와 상태에 대하여 인식한 것을 기재한 서면을 말한다.

  (b) 형사소송법 제215조에 의한 강제절차인 점에서 형사소송법 제199조에 의한 임의절차인 실황조사와 구별된다.

② 증거능력

  (a) 공판단계에서 원 진술자의 진술에 의하여 성립의 진정이 인정된 때 한하여 증거능력이 있다.

  (b) 성립의 진정이란
    형식적 성립의 진정(서명, 날인, 간인 등 형식요소의 진정) + 내용적 성립의 진정(조서의 기재내용이 진술자의 진술내용과 일치)

③ 검증조서의 작성요령

형식적기재 사항 (필수)	① 피의자 성명과 피의사건명은 실황조사시를 표준 ② 작성년월일 기재(검증시(0), 조사 작성시(×)) ③ 작성자의 서명날인은 실황조사한 수사관 ④ 실황조사의 일시는 범죄현장에서 실제로 실황조사를 시작한 일시와 끝난 일시 ⑤ 실황조사의 장소는 실제로 조사한 장소, 물건, 신체 기재 ⑥ 실황조사의 목적은 간명 기재하되, 되도록 특징적이고 구체적으로 기재 ⑦ 실황조사의 참여인은 범해목격자, 피의자, 피해자, 주거자라고 자격을 표현

실질적 기재 사항 (선택)	검증의 조건, 현장의 위치, 현장부근의 상황, 현장의 모양, 피해상황, 증거자료, 참여인의 지시설명, 도면 및 사진(간인사용(×)

④ 검증조서 작성상 유의사항

  (a) 꾸밈없이 사실 그대로 기재한다.

  (b) 관찰하고 실험한 사실만을 기재하고 주관적 의견이나 추측을 기재해서는 안 된다.

  (c) 이미 작성된 검증조서를 고치는 등 작위(作爲)를 가하지 말아야 한다.

  (d) "다수", "비교적", "상당히" 등과 같이 해석에 따라 결과를 달리하는 모호한 말은 사용하지 말아야 한다.

  (e) 소극적 사항도 기재하여야 한다.

⑤ 기재순서(관찰순서)

  (a) 전체에서 부분으로 관찰한다.

  (b) 상태(常態)에서 변태(變態)로 관찰한다.

  (c) 동종(同種)에서 이종(異種)으로 관찰한다.

  (d) 위에서 아래로 (화재사건에서는 아래에서 위로) 관찰한다.

(5) 실황조사서

수사기관이 수사상 필요에 의하여 강제력을 사용하지 않고 범죄현장 기타 범죄관련장소, 물건, 신체 등에 대하여 그 존재 및 상태를 오관의 작용에 의하여 실험, 경험, 인식한 사실을 명확히 하는 수사활동이고 그 결과를 서면에 작성한 것이다.

실황조사서의 내용 및 법률상의 효과는 검증조서와 다름이 없으나 검증조서는 강제절차임에 반해 실황조사서는 임의절차이다.

검사나 사법경찰관이 검증의 결과를 기재한 조서는 적법한 절차와 방식에 따라 작성된 것으로서 공판준비 또는 공판기일에서의 작성자의 진술에 따라 그 성립의 진정함이 증명된 때에는 증거로 할 수 있다.(형사소송법 제312조 제6항)

(6) 간이서식

① 간이형사기소제도의 일환으로서 사안이 단순하고 정형적인 형사사건 처리에 관하여 정형화된 서식을 말한다.

② 간이피의자신문조서 사용대상

  (a) 절도사건(절도, 야간주거침입절도, 특수절도죄의 기수·미수)

(b) 교통사건(업무상과실치사상, 도로교통법위반)

(c) 폭력사건(폭력행위등처벌에관한법률위반, 폭행, 폭행치상, 상해기수 · 미수)

(d) 도박사건

(e) 향토예비군법위반사건

③ 작성요령

(a) 인적사항 – 성명, 주소란, 직업

(b) 범죄사실 – 공란으로 두지 않고 모두 기재, 공란시에는 사선

④ 양식 – 의견서, 피의자 신문조서, 진술조서, 진술서에 성명, 성별, 연령, 주민등록번호, 등록기준지, 주거, 직업, 직장은 공통이고 양식없이 자필 진술 작성

(7) 송치서류(送致書類)

1) 송치서류 편철순서

(1) 송치서류의 편철순서

① 사건송치서, ② 압수물총목록, ③ 기록목록,

④ 의견서, ⑤ 기타서류(참고인진술조서, 검증조서)

(2) 사건송치서: 사법경찰관이 사건을 입건하여 수사를 종결하였을 때에는 이를 모두 관할 지방검찰청 검사장 또는 지청장에게 송치하여야 한다(검사의 사법경찰관리에 대한 수사지휘 및 사법경찰관리의 수사준칙에 관한 규정 제81조)

피의자	① 한글로 피의자의 성명을 기재한 후 괄호안에 한자를 병기하며, 별명, 이명, 가명이 있을 때는 함께 기재한다. 성명 앞에는 구속, 불구속, 미체포로 구분하여 기재한다. 피의자의 한자 다음에는 지문원지작성번호와 구속된 경우에는 구속영장청구번호를 기재한다. 　㉠ 지문원지 작성번호: 이첩되어 온 사건인 경우 이미 타서에서 지문번호가 부여되어 있으면 작성관서를 표시한다. 　㉡ 구속영장 청구번호: 구속된 경우에는 검찰청의 구속영장청구번호를 기재한다. ② 외국인의 성명은 언어 발음에 가장 가까운 발음의 한글로 기재한 뒤 (　) 안에 원어를 병기한다. (예) 톰(TOM) ③ 피의자가 2명 이상인 경우에는 각 피의자 성명 앞에 1, 2, 3의 번호를 기재한다. ④ 피의자가 법인의 경우에는 법인명 다음에 괄호하여 대표자 성명을 기재하여야 한다. ⑤ 사망자는 불구속으로 표시한다. ⑥ 수명의 피의자가 각기 다른 죄명에 해당될 때, 가,나,다 순으로 하되 형이 중하거나 공소시효 장기순으로 한다. 발생시간 순으로 하지 않는다

	⑦ 피의자의 수가 많아서 송치서 피의자란에 전부 기재가 어려울 때, 예) 1. 가, 나, 다. 홍길동(洪吉童)외 5명(명단 별첨) ⑧ 여자는 (한문) 옆에 '여'라고 표시한다.
지문원지 작성번호	기소의견 송치시 기재한다.
구속영장 청구번호	구속영장에 의한 구속사건인 경우 기재한다. [구속영장번호가 아님 검찰청(지청) 청구번호]
죄명 (대검예규에 따름)	① 대검찰청 작성 죄명표 (공소장 및 불기소장에 기재할 죄명에 관한 예규)에 의거 ② 죄명경합 법정형이 중하거나 형이 중하거나 공소 시효 장기순 '가, 나, 다'로 기재 (발생 시간순이나 기소예상죄명기재순은 안 됨) ③ 형법범(군형법범) ㉠ 미수·예비·음모의 경우에는 형법죄명표에 의한다. ㉡ 공동정범·간접정범의 경우에는 정범의 죄명과 동일한 형법각칙 표시 각 본조 해당 죄명으로 한다. ㉢ 공범(교수 또는 방조)의 경우에는 형법각칙 표시 각 본조 해당 죄명 다 음에 교사 또는 방조를 추가하여 표시한다. ④ 특별법위반 경우 ㉠ 해당 특별법의 명칭 다음에 "위반"이라는 문자를 가하여 죄명을 표시한다. ㉡ 일부조항에 대하여 죄명구분표시를 하는 특별법과 죄명구분표시를 하 지 않는 특별법으로 구분한다. ㉢ 일부조항에 대하여 죄명구분표시를 하는 특별법의 경우에는 정범, 기 수, 미수, 예비, 음모의 경우에는 해당 특별법 죄명표에 의한다. ㉣ 일부조항에 대하여 죄명구분표시를 하는 특별법의 경우에는 공범(교사 또는 방조)의 경우에는 「위 법률위반(구분 표시죄명) 교사 또는 법률위 반(구분표시죄명)방조」로 표시한다. ㉤ 죄명구분표시를 하지 않는 특별법의 경우에는 「법위반」으로 표시한다 ㉥ 공범에 관한 특별규정이 있을 경우에는 「법위반」으로 표시하고, 특별규 정이 없는 경우에는 「법위반 교사 또는 법위반 방조」로 표시한다. ㉦ 미수에 관하여는 「……법위반」으로 표시한다.
발각 원인	① 고소·고발, 인지, 자수에 ( )로 표기한다. ② 취소, 합의한 경우 별도 기재한다.
체포구속	① 구속사건의 경우 구속일자 기재한다. (구속영장 발부일이 아니라 실제로 신병을 체포 또는 구속한 일자를 기재) ② 체포(긴급, 현행범체포 포함)시에는 '체포, 긴급체포, 현행범체포'라고 기재한다.

석방	① 구속사건의 경우 공란으로 비워놓는다. ② 체포(영장) 후 석방의 경우 '체포취소, 체포 적부심, 체포기간만료' 중 해당사유를 기재한다. ③ (긴급, 현행범)체포 후 석방의 경우 '기타'라고 기재한다.

의견	실제 수사한 결과에 맞게 기재되었는지 수사결과보고서와 비교하여
	① 기소
	  일부가 불기소인 경우 기소로 표기
	  예) 기소(일부 불기소 - 공소권 없음)
	② 불기소(혐의 없음, 공소권 없음, 죄가 안 됨)
	③ 기소중지(체포영장, 긴급체포, 지명통보)
	④ 참고인중지(피의자 1, 2, 3, … 소재불명),
	  참고인중지(참고인 OOO소재불명)
	⑤ 각하
	⑥ 이송(OO검찰청 또는 지청) 등으로 기재한다.

증거품	압수한 증거가 있는 경우 '있음(송치)', '있음(가환부)', '있음(환부)' 등으로 기재한다.

비고	① 지명수배(해제)의 경우
	  '지명수배(해제)전산입력필'로 기재
	② 검사의 수사지휘, 기소중지 재기사건의 경우
	  '99형 제12345호 검사 OOO 기소중지재기(수사지휘)사건'이라고 기재
	  (검사 성명을 제외하고 적색 또는 적색으로 밑줄)
	③ 한미행정협정, 가정폭력, 소년범, 즉결사건 송치 등 관련내용 주서(朱書) 표기 및 기한 내 일자를 확인한다.

기 타	① 간이서식을 사용해야 할 것인지 아닌지 확인한다. ② 말미의 'OO경찰서'의 '서'에 사법경찰관 날인 여부를 확인한다.

(8) 수사서류 및 장부의 보존기간

	범죄수사규칙	검사의 사법경찰관리에 대한 수사지휘 및 사법경찰관리의 수사준칙에 관한 규정 (사법경찰관집무규칙에서 변경)
영구	수사관계예규철	
25년		범죄사건부, 압수부, 피의자소재발견처리부, 체포구속인명부, 수사종결사건(송치사건)철, 내사사건철, 변사사건종결철, 수사미제사건기록철, 영상녹화물관리대장

15년	범죄사건부, 압수부, 체포구속인명부, 수사종결사건(송치사건)철, 수사미제사건기록철, 내사사건기록철	
10년	통계철	몰수 부대보전신청부
5년		통계철
3년	통신제한조치집행사실통지유예승인신청부, 긴급통신제한조치통보서발송부, 통신사실확인자료제공요청허가신청부, 긴급통신사실확인자료제공요청대장, 통신사실확인자료제공요청 집행사실통지부	통신제한조치허가부, 긴급통신제한조치대장 통신제한조치집행대장, 통신사실확인자료회신대장,
2년	구속영장신청부, 체포영장신청부, 체포구속영장집행부, 긴급체포원부, 현행범인체포원부, 압수수색검증영장신청부, 체포구속인접견부, 수진교통물품차입부, 처분결과 통지서철, 검시조서철, 잡서류철, 출석요구통지부	
	보석자관찰부	특례조치등신청부

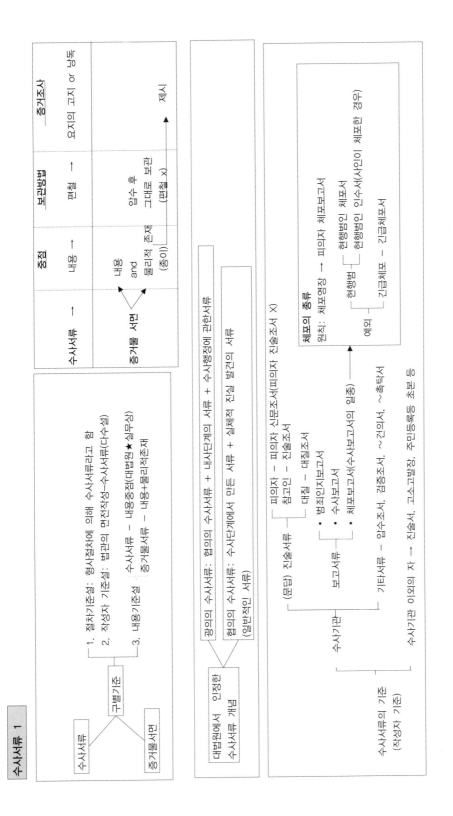

수사서류 1

수사서류 ─┐
          ├─ 구별기준
증거물서면 ─┘

1. 절차기준설: 형사절차에 의해 수사서류라고 함
2. 작성자 기준설: 범인의 면전작성-수사서류(다수설)
3. 내용기준설 수사서류 ─ 내용중심(대법원 ★ 실무상)
             증거물서류 ─ 내용+물리적존재

대법원에서 인정한 ┌ 광의의 수사서류: 협의의 수사서류 + 내사단계의 서류 + 수사행정에 관한서류
수사서류 개념   └ 협의의 수사서류: 수사단계에서 만든 서류 + 실체적 진실 발견의 서류
                    (일반적인 서류)

                        ┌ 피의자 ─ 피의자 신문조서(피의자 진술조서 X)
        ┌ (문답) 진술서류 ┼ 참고인 ─ 진술조서
        │   └ 대질 ─ 대질조서
수사기관 ┼ 보고서류   ┌ • 범죄인지보고서
        │   ┼ • 수사보고서
        │   └ • 체포보고서(수사보고서와의 일종)
        └ 기타서류 ─ 압수조서. 검증조서. ~건의서. ~촉탁서

수사서류의 기준   수사기관 이외의 자 ─ 진술서. 고소고발장. 주민등록 초본 등
(작성자 기준)

체포의 종류
원칙: 체포영장 → 피의자 체포보고서
                ┌ 현행범 ─ 현행범인 체포보고서
          예외 ─┤   현행범인 인수서(사인이 체포한 경우)
                └ 긴급체포 ─ 긴급체포서

수사서류 →	증점 →	보관방법 →	증거조사
	내용 →	편철 →	요지의 고지 or 낭독
증거물 서면	내용 and 물리적 존재 (종이)	압수 후 그대로 보관 (편철 x)	제시

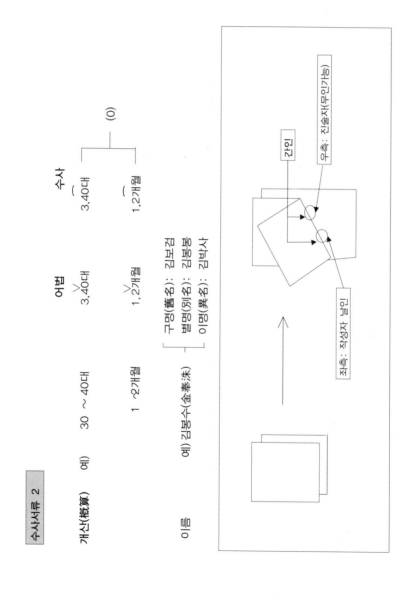

수사서류 2

개산(槪算)

예) 30 ~ 40대
1 ~2개월

어법
3,40대
1,2개월

수사
3,40대
1,2개월
(0)

이름 예) 김봉수(金奉洙)

구명(舊名): 김보검
별명(別名): 김봉봉
이명(異名): 김박사

간인

우측: 진술자(무인기능)

좌측: 작성자 날인

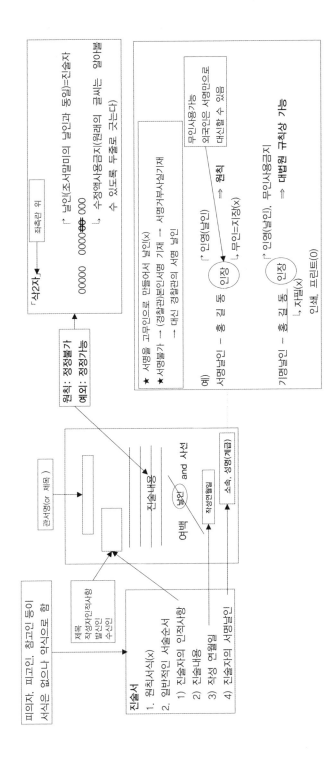

진술서
1. 원칙서식(x)
2. 일반적인 서술순서
   1) 진술자의 인적사항
   2) 진술내용
   3) 작성 연월일
   4) 진술자의 서명날인

피의자, 피고인, 참고인 등이
서식은 없으나 약식으로 함

제목
작성자인적사항
발신인
수신인

관서명(or 제목)

진술내용

여백 and 사선

작성연월일

소속, 성명(계급)

원칙: 정정불가
예외: 정정가능

「작2차」

좌측란 위

00000 0000＊＊000

↑ 날인(조서말미의 날인과 동일)=진술자
↳ 수정액사용금지(원래의 글씨는 알아볼
  수 있도록 두줄로 긋는다)

★ 서명을 고무인으로 만들어서 날인(x)
★ 서명불가 → (경찰관)본인서명 기재 → 서명거부사실기재
  → 대신 경찰관의 서명 날인

예)
서명날인 – 홍 길 동   인장   ↑ 인영(날인)   ⇒ 원칙
                              ↳ 무인=지장(x)

기명날인 – 홍 길 동   인장   ↑ 인영(날인), 무인사용금지
                              ↳ 자필(x)   ⇒ 대법원 규칙성 가능

인쇄, 프린트(0)

무인사용가능
외국인은 서명만으로
대신할수 있음

수사서류 4

개요부분

송치하는 자 ─────────────→ 송치받는 자

원칙 : 소속관서장인 사법경찰관
    (소속관서장이 사법경찰관이 아닌 경우)
예외 : 수사주무과장인 사법경찰관

〈피의자란〉

홍색(빨간색) : (시각적인 효과) 사건을 중하고 우선처리 목적
판단서 : 불기소처분(혐의없음, 죄가안됨, 공소권없음, 기소중지 등)

> ○ 법정형이 동일: 범죄인지 보고서순
> ○ 법정형이 상이: 법정형이 중하거나 공소시효 장기순

순   구속   1. 송 ~ (~)   여러 명인 경우
     불구속 2. 김 ~ (~)
서   미체포 3. 이 ~ (~)
               번호기재

〈 "지문원지" 작성번호〉 기소의견 소견서에 기재
〈구속영장청구번호〉 구속영장번호(X) (법관에게 신청한 청구번호 아님)
                  경찰에서 검찰청 청구번호(0)

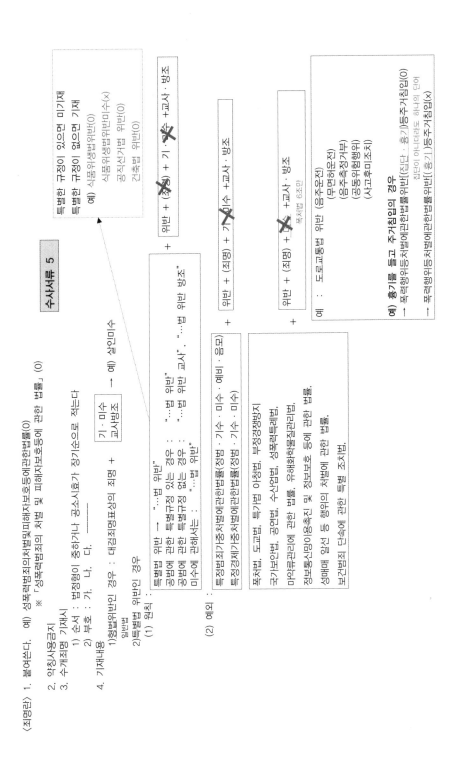

〈죄명란〉 1. 붙여쓴다. 예) 성폭력범죄의처벌및피해자보호등에관한법률(0)
※ 「성폭력범죄의 처벌 및 피해자보호등에 관한 법률」 (0)

2. 약칭사용금지

3. 수개죄명 기재시
　1) 순서 : 법정형이 중하거나 공소시효가 장기순으로 적는다
　2) 부호 : 가. 나. 다. ──

4. 기재내용
　1)형법위반인 경우 : 대검찰청표성의 죄명 + ┌ 기·미수 ┐ → 예) 살인미수
　　　　　　　　　　　　　　　　　　　　　└ 교사방조 ┘
　일반법
　2)특별법 위반범

　(1) 원칙 :
　　特별법 위반 → "...법 위반"
　　공범에 관한 특별규정 있는 경우 : "...법 위반"
　　공범에 관한 특별규정 없는 경우 : "...법 위반 교사", "...법 위반 방조"
　　미수에 관해서는 : "...법 위반"

　(2) 예외:
　　특정범죄가중처벌에관한법률(정범·기수·미수·예비·음모)
　　특정경제가중처벌에관한법률(정범·기수·미수)

　　폭처법, 도교법, 특가법, 부정경쟁방지
　　국가보안법, 공연법, 수산업법, 성폭력특례법,
　　마약류관리에 관한 법률, 유해화학물질관리법,
　　정보통신망이용촉진 및 정보보호 등에 관한 법률,
　　성매매 알선 등 행위의 처벌에 관한 법률,
　　보건범죄 단속에 관한 특별 조치법,

위반 + (죄명) + 기·미수 +교사·방조

위반 + (죄명) + 기·미수 +교사·방조
　　폭처법 6조인

특별한 규정이 있으면 미기재
특별한 규정이 없으면 기재
예) 식품위생법위반(0)
　　식품위생법위반미수(x)
　　공직선거법 위반(0)
　　건축법 위반(0)

위반 + (죄명) + 기·미수 +교사·방조

예 : 도로교통법 위반 (음주운전)
　　　　　　　　　　 (무면허운전)
　　　　　　　　　　 (음주측정거부)
　　　　　　　　　　 (공동위험행위)
　　　　　　　　　　 (사고후미조치)

예) 흉기를 들고 주거침입의 경우
→ 폭력행위등처벌에관한법률위반(집단·흉기)등주거침입(0)
　　집단이 아니더라도 흉기의 단어
→ 폭력행위등처벌에관한법률위반(흉기)등주거침입(x)

수사서류 5

〈발각원인〉 인지 (고소)고발 자수 - 고소취소

〈접수〉 사건접수날짜
　　　　합의 → 합의, 미합의만 기재(O), 합의경위, 嫌은 미기재(O)

〈구속란〉 ［ 사전구속영장 → 실제로 구속된 날짜
　　　　　체포를 전제로 한 구속 → 실제로 체포된 날짜기재 ］ 만 적는다(x)

〈석방란〉 석방날짜

〈의견란〉
1. 기소의견
2. 불기소의견(사유-공소권없음)
3. 기소중지
4. 참여인(중지)
5. 각하
(6. 이송)

〈증거품란〉
없음 ▲ 사유를 기재함
있음(송치)
(가환부)
(대가보관)

〈비교란〉
◦ 범죄경력 조회 회보서 ┐의 미송부(있으면 기재함)
◦ 수사경력 조회 회보서 ┘
◦ 통신제한조치 사실 기재
◦ 지명수배, 지명 통보 여부기재
◦ 변호인의 성명 기재
◦ 검사의 지휘 내용 기재
◦ 관련사건 있으면 송치날짜와 사건명 기재

★ 경찰서장 권한 중에는 내사종결권 없음
예)　　　가　 나　 다
1. 송 ~ 살인, 강도, 절도 → 기소(3가지 인정)
2. 김 ~ 살인, 강도, 절도 → 기소(절도만 인정)
　　　　　　　증거(x)
→ 1, 2 모두 기소(2. 가, 나 불기소(무혐의)
　　　　　　　　　　　　　　　　=혐의없음

1. 압수물 총 목록 전문 2부 작성
2. 기록 목록(목차)

서류 요목	진술자	작성 년 월 일	기록 연수
의견서			1- 1
의견서			1 - 2 의견서만 일련번호
의견서			1 - 3 0(후는 일련페이지)
고소 고발장			
범죄인지보고서			
작성일자순			
접수일자순			

의견서 - 피의자란

1. 성 명 : 송 ~ (~) 직업 : 무직

주민번호 : 000000 - 0000000 (세) → 만 나이를 기재

주 거 - 。 주민등록상전입신고된 주소지(x) → 단수주의(최종 주소지만 기재)

。 민법상의 주고 or 거소(0) → 실제로 지배하는 장소 (복수주의)

서울특별시 동작구 노량진 1동 00번지 00호 00 아파트 102동 1113호 18통 3반

00-00   000 - 0000   00/0

전라남도 순천시 매곡동 주공아파트 0동 00호 00통 0반

0-000   0 00/

본 적 → 호적의 소재지(0)

※ 전적시 원적까지 기재

〈전과 및 검찰처분관계〉

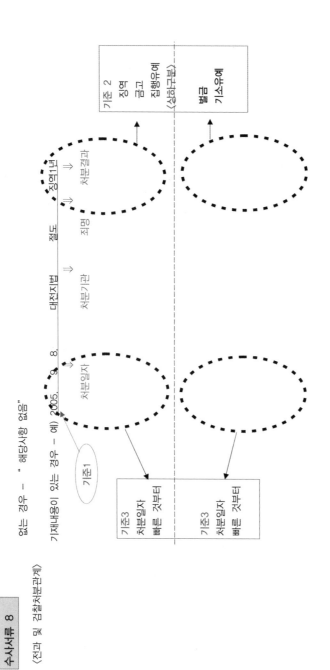

본문 (11) 적용법조 ①, ㉠ 처벌규정, 금지 규정이 별도로 규정되어 있는 경우는 양자를 모두 기재한다.

예) 사람을 살해한 자는 사형이나 무기징역에 처한다 ——→ 한조문에 금지규정과 처벌규정이 같이 들어간 경우임(본문과 다른 경우)

예)

성폭력범죄의 처벌 및 피해자보호 등에 관한 법률 제21조의3(영상물의 촬영·보존 등)
타법개정 2010. 1. 18. [법률 제9932호, 시행 2010. 3. 19.] 여성부
①, ②, ③, ④, ⑤
⑥ 누구든지 제3항의 규정에 따라 촬영한 영상물을 수사 및 재판의 용도 외에 다른 목적으로 사용하여서는 아니 된다.

제35조(벌칙)
① 다음 각호의 1에 해당하는 자는 2년 이하의 징역 또는 500만원 이하의 벌금에 처한다.
1. 영리를 목적으로 이 법에 의한 상담소 또는 보호시설을 설치·운영한 자
2. 제21조 제1항·제2항 또는 제31조의 규정에 의한 비밀엄수의무를 위반한 자
3. 제21조 제3항의 규정을 위반하여 피해자의 인적사항과 사진 등을 공개한 자
4. 제29조의 규정에 의한 시설의 폐쇄, 업무의 휴지 또는 폐지명령을 받고도 상담소 또는 보호시설을 계속 운영한 자

위의 내용처럼 금지조항 + 처벌규정이 있는 경우 —— 처벌규정을 먼저 기재한다.

본문 (11) 적용법조 ② 기재순서

```
        ┌ Z과 공범
甲 :    X(범죄) .  Y(범죄)  ——→ X(공범 30조)Y(실체적 경합)  →  37조, 38조
                                                          or  ─→ 2개 중에 선택
Z       X(범죄)                                                  37조, 39조
        └ 甲과 공범  ——→  X(공범)
```

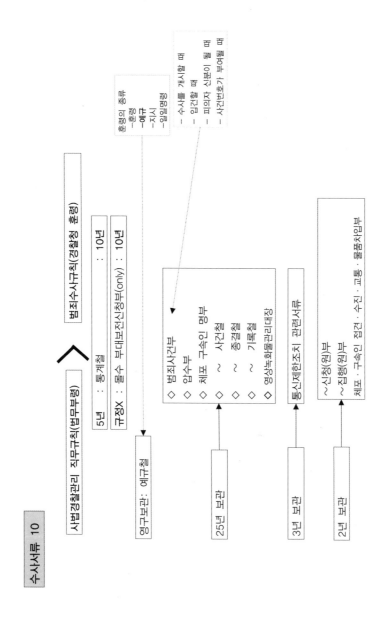

수사서류 10

사법경찰관리 직무규칙(법무부령)

범죄수사규칙(경찰청 훈령)

5년 : 통계철 : 10년
규정X : 몰수 부대보전신청부(only) : 10년

영구보관 : 예규철

훈령의 종류
- 훈령
- 예규
- 지시
- 일일명령

◇ 범죄사건부
◇ 압수부
◇ 체포 구속인 명부 ~ 사건철
◇ ~ 중결철
◇ ~ 기록철
◇ 영상녹화물관리대장

- 수사를 개시할 때
- 입건할 때
- 피의자 신분이 될 때
- 사건변호가 부여될 때

25년 보관

통신제한조치 관련서류

3년 보관

~신청(원)부
~집행(원)부
체포·구속인 접견·수진·교통·물품차입부

2년 보관

찾아보기

저자 소개

차시환 교수
現) 김천대학교 경찰행정학과 교수, 공공안전연구소 고문

추봉조 교수
경성대학교 컴퓨터공학 석사
동국대학교 일반대학원 경찰행정학과 박사 수료
부경대학교 전자공학 박사

現) 김천대학교 경찰행정학과 교수(한국공공안전학회 학회장)

김봉수 교수
동국대학교 일반대학원 경찰행정학과 범죄학 석사
동국대학교 일반대학원 법학과 형사법 박사

現) 김천대학교 경찰행정학과 학과장

경찰수사론(총론)

초판발행	2018년 4월 30일
지은이	차시환·추봉조·김봉수
펴낸이	안종만
편 집	전채린
기획/마케팅	장규식
표지디자인	김연서
제 작	우인도·고철민
펴낸곳	(주) 박영사
	서울특별시 종로구 새문안로3길 36, 1601
	등록 1959. 3. 11. 제300-1959-1호(倫)
전 화	02)733-6771
f a x	02)736-4818
e-mail	pys@pybook.co.kr
homepage	www.pybook.co.kr
ISBN	979-11-303-0569-1 93350

정 가   16,000원